JN457874

세일즈
프로페셔널

SALES PROFESSIONAL

세일즈 프로페셔널

삼성 휴대폰 글로벌 스토리로 배우는 B2B 세일즈 입문서

최창수 지음

글로벌콘텐츠

추천사

삼성전자는 당연히 첨단기술 제품 회사이다. 반도체, 가전제품, 통신장비, 휴대폰 등 모두가 그러하다. 그런데 첨단기술 제품이 적시에 상당한 경쟁력을 가지고 출시되었지만 판매가 기대에 못 미치는 경우이거나, 일부 지역에서는 잘 판매되나 다른 지역에서는 그렇지 못한 상황이 발생하곤 한다.

매일매일 시간과 실적에 쫓기던 현업 시절에 나는 판매 책임자에게 이유를 물어볼 수밖에 없고, 그 보고를 받으며 자주 아쉬움을 느꼈다. 세일즈맨에 대한 교육이 턱없이 부족하다는 것을 알게 된 후로는 세일즈 활동을 프로세스화하여, 단계별로 분석하고, 예측 가능하고 통제 가능한 방식으로 발전하였으면 하는 생각을 늘 하게 되었다.

마침 최창수 사장이 정년 후에 고문으로 근무하게 되었을 때 판매 업무의 수준을 높이기 위한 교육을 부탁하였다. 최 사장은 사내 교육팀과 협력하여 삼성전자의 '세일즈 스쿨'의 기본 골격을 구축하고 강의도 하였으나 얼마 지나지 않아 최 사장이 삼성SNS의 사장으로 옮기게 되어 교육을 계속할 수 없게 되었다.

2025년 초 최 사장에게 이제 모두 은퇴하였고 시간적으로 여유가 있으니 책을 써보면 어떠냐고 권유하였다. 현재 판매를 직업으로 하는 사람은 물론이고, 판매에 관심을 가진 젊은 인력이나, 판매가 안 되는데 그 이유조차 모르고 있는 조직의 책임자 또는 중소기업의 사장들에게 이 책이 도움이 될 것이라고 믿기 때문이다.

아무쪼록 이 책을 선택한 독자들이 세일즈의 기본을 익히고, 그 기본을 바탕으로 꾸준한 공부와 훈련을 통하여 최고의 세일즈맨으로 거듭나기를 바라 마지않는다.

최지성

전 삼성미래전략실 실장

전 삼성전자 대표이사 부회장

서문

당신 안의 세일즈 본능을 깨워라

사회생활, 조직생활에서도 필요한 세일즈 101

이 책은 나의 삼성전자 휴대폰 비즈니스 경험을 기반으로, 후배들에게 세일즈라는 직무Profession가 얼마나 멋진 일인지, 어떤 마음가짐으로 어떻게 해야 하는지 나의 경험과 생각을 공유하는 '세일즈 101' 책이다.

20년도 더 지난 옛날 이야기를 새삼스럽게 이렇게 쓰게 된 이유가 무엇일까?

경험과 지식을 사회에 환원하는 것은, 안 하는 것보다 늦어도 하는 게 낫다는 생각 때문이다. 내가 입 다물고 가면 사라질 나의 경험이 있다. 그 경험이 대단해서도 아니고, 유별나서도 아니지만, 그 당시의 동료 선후배들이 나와는 관점이 달라서 간과하였거나 또는 잊었을 수도 있다. 나는 그런 경험과 지식을 일부라도 남기고 싶었다.

이 책의 내용은 2018년에 동료 후배들과 함께 1차로 정리했던 '삼성 휴대폰의 글로벌 시장 진출 사례'를 다시 정리한 것이다. 삼성 휴대폰의 사례가 의미 있는 것은, 일부 소수에게만 파는 명품도 아니고 무조건 저가로 파는 것도 아닌, 팔 만큼 팔면서도 품위를 유지하고 글로벌 시장에서 제대로 된 가치를 인정받은 한국 제품은 대한민국 5천 년 역사에서 처음이었기 때문이다.

당시 '카산드라'라는 다소 시니컬한 프로젝트 이름으로, 동료 후배들과 함께 휴대폰의 글로벌 시장 진출 사례를 남겨두자고 정리를 시작했었다. 내가 몸담았던 삼성전자와 한국 사회에, 지금은 당연시하는 글로벌 시장에서의 성과가 처음부터 그랬던 것도 아니고 그저 저절로 된 것이 아니라는 메시지를 주고 싶었다. 오히려 영업/마케팅의 혁신, 담당자들의 헌신과 노력이 함께 어우러져 그런 놀라운 성과를 이루었다는 점을 알리고, 미래를 위한 구체적인 인사이트를 제시하고자 했다.

나는 공대를 졸업했으나, 제품 개발이 아닌, '세일즈 직무'에서 성취와 성장을 이루었다. 학교에서 배웠던 것은 아니지만 세일즈 직무 교육에 더해, 『전략적 판매The New Strategic Selling』라는 책을 번역도 했고 강의도 했다. 또한 '후배들에게 부끄럽지 않도록 하자'는 마음 자세로 '교과서대로 하자'고 노력하였다.

그러다 보니 고객인 통신업체들로부터 '삼성전자보다 CS Choi나의 영문 이름'를 더 믿는다는 말도 들었다. 세일즈맨으로서 최고의 찬사라고 생각한다. 나는 '세일즈'라는 전문 직무를 통해 나름 인정받는 자기 성장을 했다고 생각한다. 그래서 대한민국의 미래를 이끌어갈 많은 후배에게 조금이라도

카산드라

카산드라(Cassandra)는 알렉산드라(Alexandra)라고도 부른다. 그녀는 트로이의 마지막 왕 프리아모스 왕과 헤카베의 딸로, 트로이의 영웅 헥토르와 남매이다. 아폴론에게 예언의 능력을 받았지만 그의 사랑을 거절한 대가로 설득력을 빼앗긴 불행한 예언자이다. 트로이 목마를 성안으로 들여놓아서는 안 된다는 그녀의 절규에 귀를 기울이지 않은 트로이는 결국 멸망한다.

– 출처: 네이버 지식백과

도움 될까 하여 나의 스토리를 공유하고자 한다.

우리나라에서는 마케팅과 세일즈를 구분하지 않거나 못하기도 하고 심지어는 세일즈를 마케팅의 하위 업무로 치부하기도 한다. 대학에서도 마케팅 관련 강의는 많으나 세일즈에 관한 강의는 매우 드물다. 평생 세일즈를 업으로 살아온 사람으로서 세일즈, 그중에서도 B2B 세일즈에 관해 정리하여 알려야 한다는 책임감도 있다.

시중에는 마케팅과 영업, 판매에 관한 책들이 차고 넘치지만 대부분 너무 이론적이거나 피상적이고, 아니면 판매왕의 성공담을 크게 넘지 못하는 것이 항상 아쉬웠다. 쉽게 읽고 실행할 수 있는 B2B 세일즈 입문서가 있었으면 하는 바람에서 이 책이 시작되었다. 이 책에서 나아가 뒤에서 인용한 여러 책자를 통하여 많은 공부가 되었으면 한다.

세일즈에서 성공하기 위해서는 3개 요소가 필수적이다.

1. 긍정적 생각과 열정적인 태도를 가지고
2. 판매할 제품에 대한 지식을 쌓아, 스스로 제품 전문가가 되고
3. 전문적 세일즈 스킬을 학습하고 적용하는 것이다.

이 책에서는 세 번째, '전문가가 되기 위한 세일즈 스킬'에 초점을 맞추었다. 다만, '세일즈'라는 직무를 편하게 접하도록 하자는 의도에서, '개론 101' 성격으로 정리하였다.

이 책에는 영어가 많이 나온다. '세일즈'라는 전문 직무가 미국에서 체계적으로 정리, 발전되었기 때문에 세일즈 분야에는 영어 용어가 많다. 최대한 의미를 살려 번역했으나, 일부는 영어를 그대로 두었다. 오히려 영어로 하는 것이 이해가 더 잘될 것으로 믿었기 때문이다. 이 점은 독자들의 깊은 양해를 구한다.

이 책을 접하고, 많은 학생과 취준생, 현장에서 영업을 하고 있는 청년들이 자부심을 가지고 훌륭한 세일즈맨으로 성장하는 데 조금이라도 도움이 되면 좋겠다. 또한, 글로벌 시장에 진출하고자 하는 이 나라 많은 중소기업이 해외 영업을 하는 데 실질적인 가이드가 되면 좋겠다.

이 책의 구성은 다음과 같다.

PART 1에서는 삼성전자가 휴대폰으로 글로벌 시장에 진출한 초기에 세일즈가 기여한 몇 가지 사례를 둘러보았다.

PART 2에서는 세일즈가 무엇인지 세일즈에서 알아야 할 기본적인 것들을 정리하였다. PART 3은 구매하는 상대를 이해하는 방법과 그에 따른 접근 전략을, PART 4는 상황에 따른 세일즈 전략을 다룬다. PART 5는 세일즈라는 예술에 과학을 접목하여 체계적인 관리와 세일즈 성과를 획기적으로 개선할 수 있음을 보여 주고, 마지막으로 PART 6에서 성공적인 세일즈맨이 된다는 것은 결국 인간으로서 성숙하게 되는 길이라는 것을 강조하였다.

성공적인 세일즈맨의 덕목을 친절Friendly, 온화Warm, 개방Open, 정직Honest, 기여Contribution, 배려Consideration, 헌신Commitment으로 정의하면, 이는 사랑하는 사람과도 마찬가지 아닐까? 이 책이 세일즈를 잘하기 위한 것으로 그치지 않고 사회생활, 조직생활을 잘 해내는 것에도 많은 도움이 될 것으로 믿는다.

2025년 12월
저자 최창수

CONTENTS

추천사 • 4

서 문 • 6

PART 1 삼성 휴대폰 비즈니스와 세일즈

휴대폰 사업 시작: 우린 어디까지 갈 수 있을까? • 18

고객에게 우리가 줄 수 있는 가치는 얼마인가? • 23

노키아의 독무대, 유럽 대륙에 GSM을 들고 뛰어들다 • 28

이탈리아 팀 TIM: 대기, 대기, 대기 • 32

유럽 시장의 마지막, 독일 시장 진입! • 35

아이폰과 갤럭시 iPhone vs. Galaxy • 39

- Recap • 43
- Keywords • 46

PART 2 세일즈란?

세일즈 히스토리 • 52

세일즈는 '가치의 정직한 교환' • 54
의사 결정에 여러 사람이 참여하는 복합 세일즈 Complex Sales • 62
구매 센터 Buying Center의 구성원 • 66
개인적 성취와 비즈니스 성과 Win-Results • 75
경쟁 Competition • 84
약속을 지킬 때 신뢰가 쌓인다 Under Promise, Over Deliver • 87
판매 깔때기 Sales Funnel로 높아지는 판매 예측 • 92
세일즈맨의 역할 • 94

- Recap • 103
- Keywords • 106

PART 3 고객

인간 행동의 이해 Understanding of Human Behavior • 110
셀프 이미지의 힘 Self-Image • 112
사회적 행동 스타일 Social Behavior Style • 120
행동 스타일에 따른 세일즈! • 131
눈인가 귀인가? • 135

- Recap • 138
- Keywords • 141

PART 4 상황별 세일즈

세일즈 상황 Sales Situation • 146

1회성 단순 판매 Assertive Selling • 149

관계 기반 판매 Relational Selling • 152

컨설팅적 판매 Consultative Selling • 154

전문가적 판매 Expertise Selling • 157

- Recap • 164
- Keywords • 167

PART 5 세일즈 프로세스와 핵심 세일즈 토크

세일즈 프로세스의 과학 • 172

세일즈 프로세스 7단계 • 174

세일즈 프로세스 단계별로 해야 할 일들 • 181

- Recap • 193
- Keywords • 197

PART 6 좋은 세일즈맨이란?

좋은 세일즈맨은 끊임없이 노력한다 • 202
좋은 세일즈맨의 전문성 • 204
좋은 세일즈맨의 자세 • 211
세일즈 리더의 역할 • 213

- Recap • 215
- Keywords • 217

마치며 • 220
참고 서적 • 223

PART 1

삼성 휴대폰 비즈니스와 세일즈

휴대폰 사업 시작
: 우린 어디까지 갈 수 있을까?

1988년 삼성전자는 한국 시장에 처음으로 휴대폰을 출시했다. 모델명 SH-100. 미국식의 CDMA* 방식이었고, 전화기의 무게는 700g이었다. SH-100은 '벽돌', '냉장고' 등으로 불리기도 하였다. 안타깝게도 1992년까지 삼성의 시장 점유율은 한 자릿수였다. 당시 한국 휴대폰 시장은 모토로라가 장악하고 있었다. 시장 점유율 70%!!!

1993년 삼성은 프랑크푸르트 선언삼성의 신경영 선언을 계기로 품질 개선과 고객 만족의 혁신을 시작했고, 그 결과물인 SH-700 모델로 드디어 두 자릿수 시장 점유율을 달성했다. 15%!!!

---

* CDMA(Code Division Multiple Access): 부호분할다중접속 방식

그리고 1994년 SH-770을 출시하면서, '애니콜'이라는 브랜드를 도입했다. 당시 한국 시장에서 삼성 휴대폰의 차별화 포인트는 '산악 지역이 70% 이상인 한국 지형에 강하다. 애니콜!'이었다.

당시 휴대폰의 주요 용도는 글자 그대로 전화기로 들고 다니는 것이었기 때문에 전화가 '잘 터진다'는 점이 핵심이었다. 애니콜은 1995년에 한국 시장 1등 지위를 모토로라로부터 탈환했고, 1997년 결국 모토로라는 한국 시장에서 사업을 철수했다.

제조 공정에서 일하는 여성 인력까지도 '할 수 있다'는 의지를 갖고 임했다는 사실을 보여주는 하나의 사례가 바로, 휴대폰 안의 부품 보드에 새긴 "할 수 있다는 믿음"이라는 글귀였다. 바로 SH-800이었다. 그 이후 삼성의 한국 휴대폰 시장 점유율은 계속 1등이다.

삼성이 조그만 한국 시장에서 모토로라와 경쟁하며 시장을 탈환하려고 안간힘을 쓸 당시, 유럽에서는 노키아 NOKIA가, 미국과 글로벌 시장에서는 모토로라가 시장을 장악하며 독보적인 1등 Top Player의 위치를 즐기고 있었다. 휴대폰 시장은 급속도로 성장하고 있었고, 삼성도 해외 시장에 진출하지 않으면 더 이상 성장이 어려운 상황이었다. 당시 삼성의 휴대폰은 모두 CDMA 방식이었다.

그 첫 진출은 바로 이스라엘로 정했다. 왜냐하면 이스라엘은 전 세계에서 CDMA를 채택한 몇 안 되는 국가 중 하나였기 때문이다. 1998년 11월 삼성전자 휴대폰 영업팀은 이스라엘로 향했다. 거래처에게 판매하려고 들고 간 제품은 바로 SH-800. 미팅이 예정된 거래처는 이스라엘의 통신사인 펠레폰Pelephone.

당시 삼성은 이스라엘에 판매 법인이 없었고, 기술과 부품 소싱을 위한 연구소만 있었다. 그러니 이스라엘 영업을 담당하는 현지인 조직도 없었다. 본사의 영업팀은 여러 차례 출장을 가서 펠레폰과 직접 미팅을 했지만, 펠레폰의 최종 결정은 계속 미뤄졌다.

펠레폰 구매팀의 입장에서는, 기술력이 입증되지 않은 한국의 삼성전자 휴대폰을 도입하겠다고 하기가 쉽지 않았다. 당시 삼성 제품을 경쟁 제품과 비교할 때 '기본적인 품질, 즉 튼튼함'에서는 자신이 있었다.

영업 담당으로서 본사에서 이스라엘에 출장 갔던 나는 SH-800의 품질을 입증하기 위해 휴대폰을 회의실 바닥에 내동댕이치고 발로 짓밟았다. 폰에서 배터리가 분리되어 떨어져 나갔다. 펠레폰팀의 참석자들은 크게 놀랐다.

나는 폰을 집어 들어 배터리를 끼고 다시 ON 버튼을 눌렀다. "때르릉~~" 폰은 아무 이상 없이 다시 작동되었고, 삼성은 드디어 펠레폰에 SH-800을 납품할 수 있었다.

이 스토리는 2004년 KBS의 교양 프로그램인 〈신화창조의 비밀〉에서 방영되었고, 2005년에는 같은 제목의 책으로도 발간되어, 당시에는 꽤 유명한 이야기였다.

그런데 이스라엘 시장만으로는 글로벌 시장에 진출했다고 할 수 없었다. 세계의 통신 시장을 분석해 보면, 한국, 이스라엘, 그리고 미국의 버라이존Verizon과 스프린트Sprint만이 CDMA였고, 유럽과 미국의 다른 통신사들은 유럽식의 GSM*을 채택하고 있었다. 글로벌 시장의 80%가 GSM이었다. 너무도 당연히, 삼성이 GSM에 뛰어들지 않으면, 글로벌 휴

* GSM(Global System for Mobile Communication): 유럽 표준 통화 방식

대폰 시장에 진출했다고 말할 수가 없는 상황이었다.

GSM, 한국에서 사용하지도 않는데… 과연 삼성이 GSM 사업을 하는 것이 맞을까?

고객에게 우리가 줄 수 있는 가치는 얼마인가?

"CDMA에서나 잘합시다. 우리나라는 CDMA이고, 우리는 CDMA에 기술 경쟁력이 있습니다. 우리가 사용하지도 않고 필드 테스트도 하기 어려운 GSM을 도대체 우리가 어떻게 개발할 수 있다는 겁니까? 게다가 GSM은 진입장벽이 높습니다. GSM 진영에 매출의 15%를 로열티로 주어야 할지도 모릅니다!"

"전 세계에서 CDMA를 사용하는 국가는 한국, 이스라엘 그리고 미국의 일부 사업자뿐입니다. GSM 시장이 전 세계 휴대폰 시장의 80%입니다. 우리가 GSM 사업을 하지 않으면, 우리 휴대폰 사업은 더 이상 성장하기 어렵습니다!"

치열한 내부 논란 끝에, 삼성전자는 GSM에 뛰어들기로 결정했다. 그러나 SGH-100 그 다음에 SGH-200을 개발하여 출시했지만 판매량은 미미하였고, 시장에서는 실패로 끝났다. 당시 GSM 개발자들이 프랑스 회사에 소프트웨어 기술 라이선스를 받으려고 출장 가서 미팅했으나 제대로 성과를 거두지 못했다.

"너무 실력이 없어 라이선스를 줄 수가 없네요."

프랑스 회사의 기술 담당자들은, 삼성 출장자들을 앞에 두고 프랑스어로 이렇게 말했다고 한다. 그들은 삼성에게 라이선스의 일부만을 열어 주었다.

삼성전자는 개발팀을 새롭게 꾸렸다. S 수석, L 수석, H 수석이 리드했다. H 수석은 프랑스에서 박사학위를 받은 인재였다. 우리 앞에서 실력이 없어 라이선스를 줄 수 없다고 했던 프랑스 회사를 방문하여 미팅을 한 후, 받은 피드백은 "이제 아는 사람들이 왔다. 이젠 속이기 어렵겠네"였다고 한다.

이렇게 어렵게 확보한 기본기술을 바탕으로 GSM 개발팀은 제품 개발에 박차를 가했다. 그들은 통째로 따라 하는 팔로워Follower 전략, 즉 미투Me-Too 전략을 따랐다.

1999년 봄 삼성전자 구미공장 회의실, 오랜 회의 끝 “와~~” 하는 함성이 터져 나왔다. GSM 방식의 휴대폰 개발이 확인된 순간이다. 이제 드디어 GSM 휴대폰을 팔 수 있게 된 것이다. 정확하게는 SGH-600으로, 당시 시장의 리드 모델이던 노키아 6110 시리즈 제품을 잡으러 나가게 된 것이다.

그날 함성은 대부분 유럽 수출팀에서 나왔다. 그도 그럴 것이 지난 몇 달간 GSM 수출팀이 팔 제품이 없어 개점 휴업 상태였기 때문이다. 몸이 근질근질하다 못해 팀 해체에 대한 불안감마저 들 정도였다.

삼성 휴대폰 SGH-600

삼성전자 휴대폰 역사의 장을 열었던 SGH-600은 경쟁 제품인 노키아 6110에 비해 한마디로 더 좋은 제품이었다. 단군 이래 대한민국 기업 역사상 최초로 한 해에 천만 대 이상을 판 제품, 저가와 반도체 부품 등으로 굳어졌던 대한민국 브랜드를 프리미엄 브랜드로 만든 삼성 휴대폰의 역사는 바로 그날 1999년 봄 구미공장의 회의실에서 시작되었다. 삼성전자 무선사업부 영업 마케팅팀은 이제 굿 세일즈맨이 될 기회를 잡은 것이었다.

사업부장은 "SGH-600을 보완해서 유럽 시장에 들고 나가 보자. 개발팀은 오늘 논의한 내용을 보강해 주고, 영업팀은 유럽 시장에 판매할 준비를 해주기 바란다"라고 결정하고 회의를 마무리했다.

당시 나는 삼성전자 휴대폰 사업부의 해외영업팀 중 유럽 지역을 담당하고 있었다. 개발팀과의 회의를 마친 후, 나는 유럽 영업팀과 함께 세일즈 전략을 준비하기 시작했다.

"이걸 누구에게 어떻게 팔아야 하지? 우리가 고객에게 줄 수 있는 가치는 얼마나 되지?"라는 질문부터 출발했다. 영업팀은 "사용자, 고객"의 관점에서 당시 유럽 시장을 휘어잡고 있었던 노키아의 6110과 세밀하게 비교 분석하였다. 결론은 다음과 같다.

1. SGH-600이 노키아의 6110보다 고객 가치Customer Value에서 20% 이상 높다.
2. 삼성은 아직 브랜드가 강하지 못하니 노키아 6110과 동등한 가격이 공정한 시장 가격Fair Market Price이다.
3. 유럽의 주요 국가인 영국, 프랑스, 독일, 이탈리아에 팔아 보자.
4. 이를 위해 고객 가치, 차별화 포인트를 명료하게 정리하자. 예를 들어, 노키아 6110에는 없는 진동 벨 기능이 우리에게는 있다. (당시 노키아는 소형 폰을 만드는 것에 최우선을 두었기 때문에, 기본 폰Main Phone에 진동 벨 기능이 없었다. 진동 벨 기능을 원할 경우 고객은 별도의 배터리를 추가로 구매해야만 했다.)

이제 SGH-600 제품 샘플도 준비되었고, 고객에게 무엇이라고 설명할 것인지 '고객 가치 분석'도 마쳤다. 본사 유럽 영업팀과 나는 자신감이 넘쳤다.

노키아의 독무대, 유럽 대륙에 GSM을 들고 뛰어들다

나는 유럽 시장에 SGH-600을 판매하기 위해 제일 먼저 유럽의 A 법인을 방문했다. 법인의 휴대폰 담당 주재원과 현지인 영업 책임자와 미팅하며, SGH-600의 고객 가치를 설명했다.

"자, 설명한 바와 같이 SGH-600의 가치는 노키아 6110보다 20% 이상 높습니다. 우리 브랜드를 감안하여 동등한 가격인 200유로에 팔아 봅시다."

A 법인 주재원은, "기존 제품인 SGH-100과 SGH-200 때문에 삼성 브랜드 이미지도 엉망이고, 거래처들이 우리 제품을 도입하려고 하지 않는데, SGH-600을 어떻게 200유로

에 팔 수 있습니까? 어렵습니다"라고 하였다.

현지인 영업 책임자는 한심하다는 듯한 표정과 자세로 "미스터 최, 이 휴대폰 사업 경험이 얼마나 되나요? How long have you been in this industry?"라고 하며 내가 이 사업의 초보자라서 시장을 잘 모르는 엉뚱한 얘기를 한다고 했다.

나는 200유로 이하로는 절대 팔 수 없다고 하고, 다시 유럽의 B 법인으로 갔다. 법인장, 주재원, 현지인 영업 책임자 모두, "안 돼, 불가능해 No, Impossible"라고 외쳤다. 심지어 법인장은 한국 본사에 항의성 이메일을 보냈다.

"시장 상황도 모르고 장사가 무엇인지도 모르는 사람이 출장 와서 현지인과 주재원의 사기를 다 죽였다. 다음에 최 상무는 출장을 보내지 말아 달라."

나는 다시 C 법인으로 갔다. 8시간 동안의 긴 토론이 있었으나 법인장, 주재원, 현지인 모두 역시 "No, 200유로에는 도저히 팔 수 없다. 제품이 괜찮으니, 노키아 6110보다 20% 저렴하게 160유로에 해보자. 160유로만 받아도 이윤이 많이

난다. 본사가 챙기는 건 이윤율이나 고가 정책보다는 몇 대를 팔았는가, 즉 물량이니 160유로로 많이 팔아 보자"라고 했다.

나는 또 이를 거부했다. 개발 엔지니어의 관점 즉 제품 공급자의 관점이 아니라 유럽 영업팀에서 고객, 사용자의 관점에서 분석한 바로는, 분명히 고객 가치가 경쟁 제품 대비 20% 이상이었으니, 최소한 동등 가격은 받아야 했다. 나는 허탈한 마음으로 다시 포르투갈로 갔다.

포르투갈의 현지인 영업 책임자는 설명을 다 들은 후, "최 상무의 설명이 맞다고 생각된다. 포르투갈의 제1 통신사업자인 티엠엔TMN, 현재 Altice Portugal이 지금 노키아 제품으로 선불폰 패키지를 준비하고 있는데, 노키아 제품을 빼고 이걸로 밀어 보자"라고 아이디어를 냈다.

유럽의 주요 시장은 영국/프랑스/독일/이탈리아였다. 당시 유럽을 장악하고 있던 노키아는, 장사가 너무 잘되어 공급할 물량이 부족하였고 포르투갈이라는 주요 시장이 아닌 지역의 통신사업자에게 제때 원하는 만큼의 물량을 공급하지 못하는 상황이었다. 이 기회를 놓칠 수 없었다.

나는 포르투갈 법인과 함께 티엠엔의 선불폰 패키지에

SGH-600을 납품했다. 티엠엔의 마케팅도 혁신적인 시도였고, 삼성의 휴대폰도 고객에게 가치를 제공하는 훌륭한 제품이었기에, 티엠엔은 큰 성공을 거두었다.

나는 포르투갈 시장의 사례를 활용하여, 거절당했던 유럽의 영국/프랑스/독일 시장에 다시 제안했다. "SGH-600을 200유로에 팔자!" 그러나 그 대답은 다시 "노No"였다. 나는 다시 이탈리아의 문을 두드리기로 했다.

이탈리아 팀 TIM
: 대기, 대기, 대기

이탈리아는 포르투갈처럼 라틴 국가였고 포르투갈의 사례를 소개하면 솔깃할 만한 시장이었다. 이탈리아의 제1 통신사는 팀TIM이었다. 그리고 팀은 이탈리아만이 아니라 중남미의 라틴 국가에서도 사업을 하고 있었다. 그래서 당시 팀은 세계 제1의 GSM 통신사업자였다.

삼성전자의 이탈리아 법인 사무실은 밀라노에 있었고, 팀의 본사는 로마에 있었다. 나를 포함한 본사 출장팀과 이탈리아 현지인 영업 책임자는 로마로 가서 계속 대기하였다. 팀의 본사 사무실 복도에서 우리는 조바심을 내며 기다렸다. 팀이 언제 미팅을 하겠다고 부를지 몰라서 계속 대기하고 있었다.

그렇게 대기 끝에 드디어 팀 구매팀과 미팅을 할 수 있었다. 그 미팅에서 받은 질문은, "이 폰이 작동은 하는가? 테스트는 해 보았는가? GSM 협회에 로열티는 낼 수 있는가?" 등의 아주 기초적인 질문이었다. 모욕적이긴 했지만, 팀은 삼성과 거래를 한 적도 없었고 유럽 시장에서 삼성 GSM 휴대폰의 인지도는 매우 낮았기 때문에 일견 당연한 것이었다.

이런 관문을 통과한 후, 팀의 구매 책임자는 "폰을 두고 가라"라고 했다.

본사 출장자들과 함께 나는 한국으로 돌아왔고, 삼성전자 이탈리아 법인의 영업 책임자가 계속 팀의 상황을 점검했다. 적어도 다른 나라와 달리, '두고 가라'고 한 것은, 일말의 가능성이 있다는 뜻이었기 때문이었다.

본사에서는 유럽과의 시차 때문에 오후 4시가 되면 전화와 이메일을 통해 현지와 커뮤니케이션을 시작했고, 밤새도록 이어졌다. 그리고 드디어, 현지로부터 소식이 왔다. '팀이 삼성전자의 GSM 폰인 SGH-600을 200유로에 사기로 했다'는 소식이었다.

사실 팀으로서는, 유럽 전역을 휩쓸면서 물량을 잘 주지도 않던 노키아NOKIA의 견제로서 제2 공급자Vendor가 필요했던 시점이었다. 또한 만약 삼성 제품이 잘 안 팔리면, 반품하면 되는 것이니 손해 볼 일은 없었다. 그저 지금도 장사가 잘되고 있는데, 새로운 제품을 또 판매 라인업에 포함시키는 것이 귀찮을 뿐이었던 것이다. 다행히 반품은 없었다.

팀은 이탈리아에 본사를 둔 이탈리아 회사이긴 했으나, 당시에는 세계 최대의 GSM 통신사업자였다. 그래서 팀이 삼성전자라는 회사의 GSM 신제품인 SGH-600을 200유로에 구매했다는 사실은, 영국/프랑스/독일 시장에도 참조 사례Reference로 제시하기에 충분하였다.

이탈리아 팀에게 납품한 것을 계기로, 삼성전자는 유럽의 다른 나라에 당당히 제품을 납품할 수 있었다. 물론 할인을 하지 않은 가격이었다. 이것이 바로, 삼성이 프리미엄 브랜드로 발을 내딛기 시작한 결정적인 순간이었다.

유럽 시장의 마지막,
독일 시장 진입!

삼성전자의 글로벌 사업 방식은 먼저 해외 현지에 법인을 설립한 후, 그 법인에 영업/마케팅 전문가를 채용한다. 그 다음 본사가 제품을 개발, 공급하면서 영업 마케팅 가이드를 제공하고 지원하면, 현지인 영업/마케팅 전문가가 본사의 가이드에 따라 현지에서 영업/마케팅을 실행하는 방식이다.

그런데 휴대폰 사업은 조금 다르게 움직였다. 본사가 가이드를 주고 지원하는 역할에 그치지 않고, 직접 판매하는 역할을 하였다. 왜냐하면 각 국가의 통신사업자는 엄청난 투자와 기술력을 보유한 기업이라야 하니, 대체로 해당 시장 내에서 대기업이거나 글로벌 기업이기 때문에, 영어 커뮤니케이션에서도 비교적 원활하였고 본사와 거래 계약을 하면 몇 개

국가 시장을 한꺼번에 납품할 수 있는 구조였기 때문이다. 바로 B2B2C!

TV나 백색가전 등의 전자 유통회사는, 베스트바이Best Buy처럼 한 국가에 대형 유통 거래처가 있기도 하지만 작은 독립 유통회사들도 많았고 이들은 통상 개별적으로 협상해야 할 뿐 아니라 언어 장벽 때문에 소통이 원활하지 못했다. 따라서 이들과 협상하고 거래 관계를 밀접하게 진행하는 것은 현지인 영업 담당자들이 할 수밖에 없었다.

GSM 휴대폰 사업에서는 이와 달리, 본사는 유럽의 각 국가의 핵심 고객들을 직접 만나고 가격협상을 진행하였다. 포르투갈에서 이탈리아로 그 다음은 영국, 프랑스로. 마치 볼링 핀을 쓰러뜨리는 것처럼, 참조 사례Reference를 축적해 가며 한 국가씩 차근차근 진격하였다.

그런데 독일은 난공불락이었다. 독일의 제1 통신사업자인 도이치 텔레콤은, 수도 없는 미팅을 했으나 거래를 뚫지는 못했다. 그들이야말로 돌다리도 남이 건너는 것을 보고서야 건너는 방식으로 사업을 하였다.

그러던 어느 날, 도이치 텔레콤의 구매총괄 이사로부터 전화가 왔다.

"내 보스인 구매총괄 부사장이 삼성 본사에 전화할지도 모르니 대비해 두는 것이 좋겠다. '노키아가 유럽의 엄청난 시장 점유율을 앞세워서 거래처에게 터프하게 행동하고, 모토로라는 미국 회사인데, 만약 우리도이치 텔레콤가 하나의 공급자Vendor를 더 추가한다면 우리의 사업 파트너로서 어느 회사가 좋겠는가?' 라고 보스가 질문하길래, 나는 그동안 삼성이 방문해서 제품 데모 및 설명해 준 것을 감안하여, 망설임 없이 '삼성'이라고 대답했다. 그러니 구매총괄 부사장이 전화하거든 잘 대응하기 바란다."

그러고 나서 전화가 왔고, 처음으로 도이치 텔레콤의 구매총괄 부사장과의 미팅이 잡혔다. 본사에서 출장 간 나는, 실무자와 같이 프랑스를 거쳐서 독일로 가는 비행기에서, 차 안에서 설명할 자료를 고치고 또 고쳤다.

이번이 도이치 텔레콤에 들어갈 단 한 번의 기회인데, 이 기회를 잡기 위해 최선을 다해야 했던 것이다. 역시 포인트는 고객 가치Customer Value를 노키아에 대비해서 소개하여, 삼성의 GSM 폰이 20% 이상의 가치가 있다는 점을 입증하고, 가격은 동등하게 제시하였다.

약 30분 동안 설명과 질의응답이 다 끝나고, 구매총괄 부사장은 "잘해 봅시다" 하며 악수를 청하였다. 그 손을 잡고 힘찬 파트너십을 출발하였던 삼성팀은, 마침내 볼링의 마지막 핀을 쓰러뜨렸다는 감격에 눈물겨웠다. 독일 현지에서 유학도 했고 주재원으로 근무하던 실무자는, "드디어 꿈을 이루었습니다" 하며 눈물을 보였다.

그 악수 후에, 도이치 텔레콤은 독일 전국 400여 개 휴대폰 딜러를 대상으로 하는 베를린의 신제품 론칭 행사에 삼성팀을 초대하였다. 딜러들에게 소개하는 신제품은 여러 개였으나, 삼성의 GSM이 첫 번째로 소개되었다. 세션이 독일어로 진행되었는데, 그 구매 담당자가 궁금해하는 본사 출장자들을 위해 통역을 해 주었다. "품질 하면 독일인데, 휴대폰의 품질은 삼성"이었다.

도이치 텔레콤은 지금도 삼성전자의 훌륭한 사업 파트너이다.

아이폰과 갤럭시
iPhone vs. Galaxy

애플이 2007년 아이폰을 출시하자 통신업계는 크게 요동쳤다. 휴대폰 제조업체들은 물론이고 통신사업자들도 많이 긴장하였다.

아이폰은 '또 하나의 휴대폰'이 아니었다. 통신사업자가 주도하던 폐쇄적인 시장을 개방하게 만들고, 통신사업자의 수익모델을 흔드는 근본적인 변화를 일으키는 제품이기 때문이었다.

당시 시장에서는 노키아가 심비안Symbian OS를 기반으로 하는 컴퓨터 기능이 강화된 휴대폰으로 선전하고 있었다. PDAPersonal Digital Assistant 기능과 휴대폰을 결합한 PDA 폰으로, 팜Palm과 블랙베리BlackBerry 등이 있었고, 삼성도 MIT와 블랙잭, 옴니아 등으로 힘들게 경쟁하던 중이었다.

결국 삼성은 옴니아 등에 채용하였던 마이크로소프트의 윈도우 모바일 OS를 포기하고 구글의 안드로이드Android OS*를 채용한 갤럭시 스마트폰을 개발하여 아이폰과 경쟁하기로 하였다.

아이폰이 시장에 등장하고 나서 전 세계의 통신사업자는 아이폰을 애플이 정하는 가격에 판매하며 통신망을 제공하는 역할에 그치게 되어 휴대폰과 서비스에 대한 통제권을 잃게 되었다.

또한 아이폰이 특정 통신사업자와 독점계약을 맺을 경우, 다른 통신사들은 가입자가 이탈하는 문제가 발생하니 당연히 기존의 휴대폰 제조업체들에게 대책을 내놓으라고 아우성을 쳤다.

---

* 안드로이드 OS는 앤디 루빈(Andy Rubin)이 창업한 안드로이드사에서 개발하였고 2005년 구글에 인수되었다.

나는 이 상황에서 전 세계 통신사업자의 요청에 대응하여 삼성이 준비하는 갤럭시를 '세일즈'해야 했다. 그런데 아직 개발되지도 않은 갤럭시 스마트폰을, 그간 일반 휴대폰으로 거래하고 있던 통신사업자에게 어떻게 '세일즈'해야 하나?

나는 '미래의 가능성'을 팔아서 현재의 고객을 붙잡아 두기로 하였다. 각 통신사업자별로 입장과 사정이 달라서 개별적으로 세세히 얘기할 수는 없지만, 공통적 메시지는 다음과 같다.

1. 애플과 삼성 중, 양자택일이 아니라 두 마리 토끼를 다 잡아야 한다. 애플은 컴퓨터 분야에서 통신업계로 들어왔고, 삼성은 통신업체이기도 하니 두 회사가 서로 장단점으로 상호보완이 될 것이다.
2. 안드로이드 OS를 기반으로 하는 삼성과 구글의 전략적 동맹은 폐쇄적으로 아이폰 OS를 운영하는 애플과 충분히 경쟁하고, 잘 공존할 것이다. 애플 PC와 IBM 호환 PC가 시장에서 잘 공존하는 것과 같다.
   - 애플 PC는 OS를 폐쇄적으로 운영하여, 애플 PC의 OS는 애플 PC에만 사용한다. 반면 IBM 호환 PC는, 운영체제 등이 오픈되어서 IBM 외에 많은 PC 제조업체가 IBM 호

환 PC를 시장에 공급했고, 많은 사람들이 PC를 합리적인 가격에 구매 사용할 수 있게 되었다. 스마트폰 시장에서도 유사한 상황이 될 것이다.

3. 이와 같이 할 경우, 통신사업자 입장에서는 비즈니스 모델을 별로 변경할 필요가 없다.
4. 삼성을 파트너로 장기적인 전략 관계를 유지하는 것이, 애플을 견제하는 데도 효과적일 것이다.

결과적으로 우리 모두가 보듯이, 갤럭시는 세계 각국에서 1~2위의 시장 점유율을 유지하며 최고의 스마트폰으로 자리매김하고 있다. 이는 삼성전자 엔지니어들의 피나는 노력과 헌신 덕분인 것은 두말할 필요가 없지만, 더불어 나도 '미래의 가능성'을 판매한 세일즈맨으로 더욱 신뢰받게 되었다.

Recap

삼성 휴대폰 사업의 발전 과정과 글로벌 시장 진출 전략

국내 시장의 성공

- 1988년 삼성전자는 SH-100 모델로 한국 휴대폰 시장에 처음 진출했지만, 초기에는 70% 시장 점유율을 가진 모토로라에 밀려 한 자릿수에 머물렀다.
- 1993년 프랑크푸르트 선언 이후 품질 개선을 통해 SH-700으로 두 자릿수 점유율(15%)을 달성했다.
- 1994년 '애니콜' 브랜드를 도입하여 '한국 지형에 강하다'는 차별화 포인트로 인기를 얻었고, 1995년 모토로라를 제치고 한국 시장 1위에 올랐으며, 1997년 모토로라는 한국 시장에서 철수했다.

글로벌 시장 진출(CDMA에서 GSM으로)

- 한국 시장에서의 성공에도 불구하고, 성장을 위해 해외 시장 진출이 필수적이었다.
- 삼성 휴대폰은 초기에는 한국과 이스라엘, 미국 일부 사업자만 사용하는 CDMA 방식이었다.
- 1998년 이스라엘 시장에 첫 진출하여, 영업팀은 SH-800의 견고함을 직접 시연하는 방식으로 펠레폰(Pelephone)과의 계약을 성사시켰다.
- 하지만 전 세계 휴대폰 시장의 80%가 유럽식 GSM 방식이라는 점을

감안하여, 높은 진입 장벽과 내부 논란에도 불구하고 GSM 시장 진출을 결정했다.

- 초기 GSM 모델(SGH-100, SGH-200)은 실패했으며, 프랑스 회사로부터 기술 라이선스 확보에 어려움을 겪었다.
- 새로운 개발팀이 '미투(Me-Too)' 전략을 통해 SGH-600 모델 개발에 성공했다. SGH-600은 당시 히트 모델이던 노키아 6110 시리즈보다 진동 벨 기능 등 고객 가치 측면에서 20% 이상 우수하다고 분석되었다.

유럽 시장 개척과 프리미엄 브랜드로의 도약

- 삼성은 SGH-600을 노키아와 동등한 200유로의 '공정한 시장 가격'으로 판매하려 했으나, 유럽 현지 법인들은 낮은 삼성 브랜드 이미지와 과거 실패 때문에 160유로 등 더 낮은 가격을 주장하며 반대했다.
- 포르투갈의 티엠엔 통신사가 노키아의 물량 부족을 틈타 SGH-600을 도입하여 성공적인 선불폰 패키지를 출시했고, 이 사례가 다른 시장 진출의 발판이 되었다.
- 이후 이탈리아의 세계 최대 GSM 통신사업자인 팀과의 계약을 위해 오랜 대기 끝에 미팅을 성사시켰고, 팀은 노키아 견제와 공급자 다변화의 필요성 때문에 SGH-600을 200유로에 구매했다.
- 팀과의 계약은 삼성에게 '프리미엄 브랜드'로 발돋움하는 결정적인 계기가 되었으며, 이를 참조 사례로 삼아 영국, 프랑스 등 다른 유럽 국가에도 제품을 납품할 수 있었다.
- 독일 시장 진입은 특히 어려웠으나, 도이치 텔레콤의 내부 담당자의

추천과 삼성의 끈질긴 설득 끝에 계약에 성공하여 유럽 시장의 마지막 '볼링 핀'을 쓰러뜨렸다. 독일 도이치 텔레콤은 삼성 휴대폰의 품질을 인정하며 주요 파트너가 되었다.

아이폰 vs. 갤럭시 시대의 세일즈 전략

- 2007년 아이폰 출시는 통신 시장에 큰 변화를 가져왔다. 삼성은 마이크로소프트 윈도우 모바일 OS를 포기하고 구글의 안드로이드 OS 기반 '갤럭시' 스마트폰 개발을 결정했다.
- 삼성은 전 세계 통신사업자에게 아직 출시되지 않은 갤럭시 스마트폰의 '미래의 가능성'을 판매했다. 주요 메시지는 다음과 같았다.
  - · 애플과 삼성 중 양자택일이 아닌 두 마리 토끼를 모두 잡아야 한다.
  - · 삼성과 구글의 안드로이드 전략적 동맹(개방형 OS)은 애플의 폐쇄적인 아이폰 OS와 충분히 경쟁하고 공존할 수 있다(IBM 호환 PC와 애플 PC의 공존 사례와 유사).
  - · 이를 통해 통신사업자는 비즈니스 모델 변경 부담을 줄일 수 있다.
  - · 삼성과의 장기적인 전략적 관계는 애플을 견제하는 데 효과적일 것이다.
- 이러한 세일즈 전략과 삼성 엔지니어들의 노력 덕분에 갤럭시 스마트폰은 세계 최고의 스마트폰 중 하나로 자리매김했다.

Keywords

SH-100 —— 1988년 삼성전자가 한국 시장에 처음 출시한 휴대폰 모델이다. CDMA 방식이었으며 무게가 700g으로 무거워 '벽돌' 또는 '냉장고'로 불리며 놀림을 받았다. 출시 초기에는 시장 점유율이 한 자릿수에 머물렀다.

CDMA(Code Division Multiple Access) —— 미국식 부호분할다중접속 방식으로, 한국과 이스라엘, 미국의 일부 통신사(Verizon, Sprint)에서 사용되던 이동통신 방식이다. 초기 삼성 휴대폰은 모두 CDMA 방식이었다.

프랑크푸르트 선언(신경영 선언) —— 이건희 회장이 1993년 독일의 프랑크푸르트에서 발표한 '신경영 선언'으로, 흔히 '프랑크푸르트 선언'이라고 부른다. 삼성의 역사를 '신경영 이전'과 '신경영 이후'로 나눌 만큼, 삼성의 체질을 근본적으로 바꾼 대사건이다. 그 핵심은 '양 위주 경영'에서 '질 위주 경영'으로의 전환이다.

애니콜(Anycall) —— 1994년 SH-770 모델을 출시하며 도입된 삼성 휴대폰의 브랜드명이다. '산악 지형에 강하다'는 차별화 포인트로 인기를 얻어 1995년 모토로라를 제치고 한국 시장 1위를 차지했다.

SH-800 —— 삼성 휴대폰 부품 보드에 '할 수 있다는 믿음'이라는 글귀가 새겨졌던 모델이다. 특히 이스라엘 펠레폰(Pelephone) 통신사와의 계약 시 견고함을 시연하기 위해 바닥에 내동댕이치고 밟았던 일화로 유명하다.

펠레폰(Pelephone) ――― 1998년 삼성 휴대폰이 SH-800 모델로 첫 해외 시장(이스라엘)에 진출하며 계약을 성사시킨 통신사이다.

GSM(Global System for Mobile Communication) ――― 유럽 표준 통화 방식으로, 전 세계 휴대폰 시장의 80%를 차지하는 방식이다. 삼성은 초기 내부 논란과 실패에도 불구하고 GSM 시장 진출을 결정했다.

미투(Me-Too) 전략(Follower Strategy) ――― 삼성의 GSM 휴대폰 개발팀이 당시 시장의 히트 모델을 통째로 따라 하는 방식을 의미한다. 이를 통해 SGH-600 개발에 성공했다.

SGH-600 ――― 미투 전략을 통해 개발된 삼성의 첫 성공적인 GSM 휴대폰 모델이다. 경쟁 모델인 노키아 6110보다 고객 가치(진동 벨 기능 등) 측면에서 20% 이상 우수하다고 평가받았다. 이 모델은 삼성이 프리미엄 브랜드로 발돋움하는 계기가 되었다.

고객 가치(Customer Value) ――― 제품이 고객에게 제공하는 이점을 의미한다. SGH-600의 세일즈 전략에서 노키아 6110 대비 20% 이상 높은 고객 가치를 제공한다는 점이 핵심 차별화 포인트로 강조되었다.

공정한 시장 가격(Fair Market Price) ――― SGH-600을 판매할 때 노키아 6110과 동일한 가격(200유로)을 책정하려 했던 삼성의 가격 전략이다. 유럽 현지 법인들의 반대에도 불구하고 이탈리아 팀(TIM)과의 계약에서 이 가격을 관철시켰다.

티엠엔(TMN) ――― 포르투갈의 제1 통신사업자로, 노키아의 물량 부족을 틈타 SGH-600을 선불폰 패키지에 도입하여 성공을 거둔 최초의 유럽 GSM 통신사이다. 이 성공 사례는 다른 유럽 시장 진출의 발판이 되었다.

팀(TIM, Telecom Italia Mobile) ――― 이탈리아에 본사를 둔 당시 세계 최대의 GSM 통신사업자이다. 팀이 삼성의 SGH-600을 200유로에 구매한 것은 삼성이 프리미엄 브랜드로 도약하고 다른 유럽 국가에도 제품을 납품할 수 있게 된 결정적인 계기가 되었다.

도이치 텔레콤(Deutsche Telekom) ――― 독일의 제1 통신사업자로, 삼성 휴대폰이 유럽 시장에 진입하는 데 가장 어려웠던 '난공불락'의 고객사였다. 끈질긴 설득과 품질 인정을 통해 결국 계약에 성공했으며, 이는 유럽 시장 진입의 마지막 '볼링 핀'을 쓰러뜨린 것과 같았다.

B2B2C ――― 삼성 휴대폰 사업의 글로벌 사업 방식을 설명하는 용어이다. 본사가 각 국가의 통신사업자(B2B)와 직접 거래하여 제품을 공급하고, 통신사업자가 최종 소비자(B2C)에게 판매하는 구조이다.

미래의 가능성 ――― 아직 출시되지 않은 갤럭시 스마트폰을 전 세계 통신사업자에게 '세일즈'하기 위해 삼성 영업팀이 사용한 핵심 메시지이다. 애플의 아이폰과 경쟁하면서도 공존할 수 있는 개방형 생태계의 비전을 제시했다.

세일즈 프로페셔널

PART 2

세일즈란?

세일즈 히스토리

세일즈란, 길바닥 위에서 고달픈 삶을 이겨내면서 물건을 팔던 행상인의 영역에서 출발하여, 이후 현대적인 세일즈 기법을 낳기까지 길고 복잡한 역사를 거쳐 발전해 왔다. 현대에 들어 세일즈를 체계화하려는 기업들에 의해서 과학적 세일즈 기법들이 제도적이고 조직적으로 성장하였다.

미국의 자본주의 체제에서 기업들이 수많은 세일즈맨을 고용하고, 제도적으로 조직적으로 체계화하는 노력을 기울인 덕분에, 미국의 세일즈 역량은 다른 나라들과는 비교가 되지 않을 정도로 발전하였다.

1913년 찰스 호잇Charles W. Hoyt에 의해 『과학적 판매관리Scientific Sales Management』라는 책이 출판되었고, 1916년

에 제1회 세계 세일즈맨십 대회가 미국 디트로이트에서 개최되었다. 이후 1910년대에 하버드, 카네기 멜론 등 유명 대학에서 세일즈 관련 논문들이 나오기 시작하면서, 세일즈는 사회과학 영역의 학문으로 발전하였다.

지금도 하버드 경영대학의 논문을 검색해 보면, 마케팅, 전략, 인사 등의 우리가 익히 알고 있는 경영학 분야 외에 '세일즈' 영역이 매우 중요한 연구 영역이며 여전히 많은 논문이 발간되고 있음을 알 수 있다.

이러한 과정을 거쳐 발전해 온 세일즈는 우리가 흔히 생각하는 '아무나, 아무런 준비 없이 할 수 있는' 영역이 아니라, 과학적이고 놀랍게 정교한 전문 직업 영역이다.

세일즈는
'가치의 정직한 교환'

내가 세일즈를 시작하면서 처음으로 참가한 4일간의 HP 세일즈 교육은 나의 직업관을 완전히 바꾸어 놓았다. 그때나 지금이나 고만고만한 영어 실력이었지만, 교육을 시작할 즈음에 "세일즈는 상호 간의 이익을 위해 가치를 정직하게 교환하는 것이다 Sales is an honest exchange of values for mutual benefit"라는 문장을 접하게 되었다. 그 순간 내 눈앞에 새로운 세상이 열리는 것 같았다.

물건을 팔고 돈을 더 많이 받는 것이 세일즈가 아니라, 나중에 반복적으로 또 이야기하겠지만, 세일즈란 사는 사람과 파는 사람이 동등한 가치Value를 주고받는 것이다.

내가 나의 직업을 엔지니어에서 세일즈로 바꾸고 나서 3

개월쯤 지났을 때의 일이다. 엔지니어 시절보다 줄어든 월급으로 생활하셔야 하는데도 어머니께서 너무 좋아하셨다. 왜 그러시냐고 하였더니 엔지니어로 생활할 때는 얼굴에 활기가 하나도 없었지만, 세일즈를 시작한 후부터는 표정이 너무 밝아졌다는 것이다. 어머니의 성원하에 나는 세일즈를 평생의 업으로 시작하게 되었다.

하지만 세일즈 일을 시작한 초기에 이 직업에 대해 갈등이 전혀 없었던 것만은 아니다. 한 예를 들자면 삼성전자에서 처음 의료기기를 판매할 무렵, 병원들을 방문하면 의사의 진료실 앞에 예외 없이 붙어 있는 팻말이 하나 있었다. "잡상인 출입금지"

세일즈 = 공정한 거래

"세일즈는 상호 간의 이익을 위해 가치를 정직하게 교환하는 것"

출처: Hewlett-Packard Sales Training

판매자는 합의된 거래 조건 내에서, 판매하는 제품의 가치와 동등한 금액을 받아야 함

구매자는 자신의 니즈를 충족시키는 제품과 서비스를 받아야 함

'멀쩡히 대학 나와서 멀쩡한 회사에서 근무하는 내가 왜 잡상인 취급을 받아야 하나? 이 일이 정말 평생의 업으로 할 만한 일인가?' 하는 생각들로 고민할 때도 있었다. 그러나 이러한 순간 순간 나를 다잡아 준 말 또한 "세일즈는 상호간의 이익을 위한 가치의 정직한 교환"이라는 바로 그 문구였다.

100원의 가치가 있는 물건이 있다고 가정하자. 이 물건을 100원에 판매하는 것이 '가치를 정직하게 교환하는 것 Honest Exchange of Value'이다.

만약에 이 물건을 110원에 팔았다고 한다면 단기적으로는 잘 팔았다고 할 수도 있지만, 실은 이것은 판매가 아니라 바가지를 씌운 것이다. 한편 90원에 팔았다고 한다면 이것은 자선사업이지 제대로 된 판매가 아니다.

100원의 가치가 있는 물건을 100원에 팔았을 때 산 사람이나 판 사람이나 모두 만족하게 되는 것이고 '상호 이익 Mutual Benefit', 즉 윈윈Win-Win을 충족하게 되는 것이다.

110원에 산 사람은 언젠가는 자신이 물건의 가치보다 비싸게 샀다는 것을 알게 될 것이고, 그런 상황에서 추가 구매가 일어나기를 기대한다는 것은 불가능하다.

반대의 경우, 우리는 처음에 시장에 진입하기 위해서, 이른바 '수업료' 명목으로 제품이 지니는 가치보다 싼값으로 판매하는 경우가 있다. 그러면서 다음 거래에서는 정당한 금액을 받을 수 있을 것이라 생각한다. 하지만 그렇게 되는 경우는 거의 없다.

사는 사람과 파는 사람이 모두 만족하는, 이른바 윈윈 거래가 이루어져야 반복적 재구매가 이루어진다. 이것이 장기적인 신뢰 관계Long-Term Relationship로 발전되며, 우리의 물건을 산 사람이 또 다른 구매 의향자에게 우리의 제품을 추천하게 되어 새로운 판매의 기회가 발생하게 된다.

1. 구매자의 만족Satisfied Buyers
2. 반복적인 재구매Repeat Business
3. 장기적인 신뢰 관계Long-Term Relationships
4. 제삼자에게 추천Good Referrals

위의 네 가지 요소를 만족시킬 때 우리는 이것을 성공적인 세일즈라고 부를 수 있는 것이다.

"상호 간의 이익(윈-윈)이 중요한 이유"

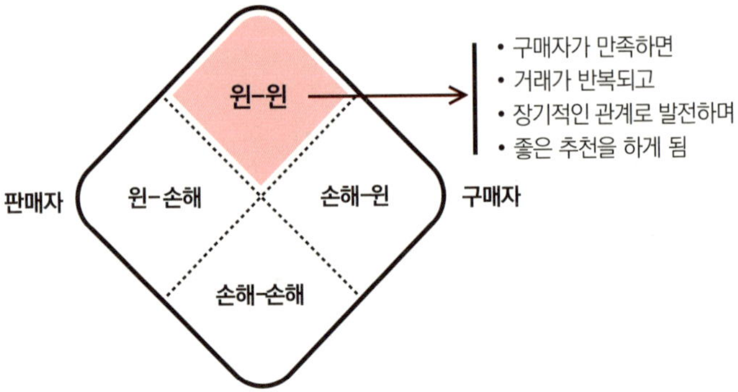

세일즈의 4개 시나리오

동양적인 사고에서는 구매자와 판매자를 갑과 을이라는 관계로 인식하는 경우가 많다. 그렇다 보니 세일즈는 뭔가 비굴하고 아쉬운 소리를 해야 하고, 구매자가 물건을 사주면 파는 사람이 혜택Benefit을 얻기 때문에 갑에게 고마워해야 하는 일이라는 인식이 존재하는 것도 사실이다. 하지만 이것은 잘못된 생각이고 판매자와 구매자는 동등한 위치에 있다.

제품을 구매하는 입장에서도 항상 최고의 선택Best Choice이 무엇인지를 따져보기 때문에, 좋은 제품을 구매하면 그만큼 더 도움이 되는 것이다. 그래서 거기에 대해 분명히 감사를 표하는 경우가 다반사다. 내가 30여 년 동안 실제로 세일즈를 해

보니, 물건을 산 사람들이 고맙다고 인사하는 경우가 너무나도 많았다.

가령 삼성전자의 휴대폰을 어떤 이동통신사업자에 파는 경우를 생각해 보자. 해당 사업자의 입장에서도 그들의 비즈니스를 위해 최고의 선택을 해야 한다. 우리 세일즈맨의 역할은 그 최고의 선택들 중에 우리가 진짜 베스트라는 것을 명확하게 설득해 수용되도록 하는 것이다.

물론 사는 입장에서 결정권을 가지고 있는 것이기 때문에 판매하는 입장에서는 더 나이스하고 더 친절하게 행동해야 하는 것은 있지만 절대로 비굴할 이유는 하나도 없다.

PART 1에서 이야기한 포르투갈 티엠엔의 경우가 윈윈의 좋은 사례이다. 내가 SGH-600을 팔기 위해 찾아간 티엠엔은 유럽에서 선불폰Prepaid Mobile Phone을 성공적으로 도입한 몇 안 되는 회사였다. 당시 공격적으로 선불폰 프로모션을 진행하고 있었는데 노키아로부터 충분한 물량을 공급받지 못하여 어려움을 겪고 있었다.

'선불폰'이란 이용 요금을 미리 충전해 두고 통화나 데이터 사용 시 그 금액이 차감되는 휴대폰이다. SGH-600은 노키아의 제품보다 크기가 훨씬 작아서 프로모션의 개념에도 적합하여 크게 성공하였다.

삼성으로서도 포르투갈 시장에 안정적으로 진입하였음은 물론이고 SGH-600을 200유로로 유럽시장에 팔 수 있다는 자신감을 갖게 되었다.

추가로 유럽시장에서 검증되지 않은 삼성 GSM 제품을 최초로 믿고 도입한 티엠엔에 향후 내가 세일즈를 하는 동안에는 구매 물량에 관계없이 가장 좋은 가격으로 공급하겠다는 약속을 하였으며, 서로 신뢰하는 관계가 장기적으로 지속되었다.

회사의 입장에서 본다면, 세일즈는 회사의 모든 프로세스상에서 유일하게 회사에 돈을 벌어 주는 단계이다. 그만큼 회사 차원에서도 가장 중요한 인적 자산 중 하나이며, 따라서 더 많은 투자가 이루어져야 하는 부문임에 틀림없다.

다만, 아직까지 체계적인 세일즈 교육이 이루어지지 못한 점은 매우 아쉬운 부분이다. 이제 와서 지나온 시간들을 뒤돌아보면 나는 세일즈라는 직업을 가지게 된 것에 조금도 후회가 없다. 사람이 태어나서 죽기 전에 꼭 해 봐야 할 일 중 하나라는 생각에도 조금의 변화가 없다.

80년대 초 한국 시장에 최초로 컴퓨터단층촬영기 CT를 도입하면서 5대 국립병원의 입찰에서 초반의 열세를 뒤집고 극적으로 승리한 사례나, 한국에서 최초로 PC를 미국에 수출한 일, GSM 휴대폰을 가지고 유럽 시장에 성공적으로 진입하였던 일, 미국 버라이존Verizon, 베스트바이Best Buy와의 전략적 파트너십 등 30여 년 동안 매일같이 겪어 왔던 수많은 세일즈의 순간순간을 회상하면 여러 생각이 떠오른다.

몸으로 겪으면서 체득했던 많은 것이 실제로 세일즈 이론으로 세상에 이미 나와 있었다는 점과, 그런 것들을 미리 알고 공부하였거나 누가 내게 가르쳐 주었다면 훨씬 더 시행착오를 줄이면서 더 좋은 결과를 많이 만들 수 있지 않았을까 하는 점이다.

이러한 의미에서 지금 세일즈라는 '위대한' 일을 시작하는 사람들은 이 길을 인생의 중요한 출발점Starting Point으로서 좀 더 진지하게 받아들였으면 하고, 이 책이 그들에게 조금이나마 도움이 되었으면 한다.

의사 결정에 여러 사람이 참여하는 복합 세일즈 Complex Sales

세일즈의 가장 원초적인 유형은 개인 판매자가 개인 구매자에게 판매하는 1:1 판매일 것이다. 그 다음 유형으로는 하나의 회사가 개별 소비자에게 판매하는 유형이 있을 것이다. 온라인 판매나 보험, 자동차 영업, 삼성전자 대리점에서 개인에게 판매하는 세일즈가 주로 이 유형에 속하게 된다.

하지만 이 두 가지 경우는 내가 일했던 삼성전자의 판매에는 거의 해당되지 않는다. 삼성전자에서의 세일즈란 세 번째인 '회사 대 회사 간의 거래', 즉 B2B거나, 네 번째인 '회사가 또 다른 회사인 채널 파트너에게 판매하고 그 채널 파트너가 개별 소비자에게 휴대폰을 판매하는 거래'이다.

이 두 가지 경우에서 반드시 유의해야 할 한 가지는 어느 경우이건 우리가 판매하는 제품의 1차 고객은 개인이 아닌 '회사'라는 점이다.

판매 유형

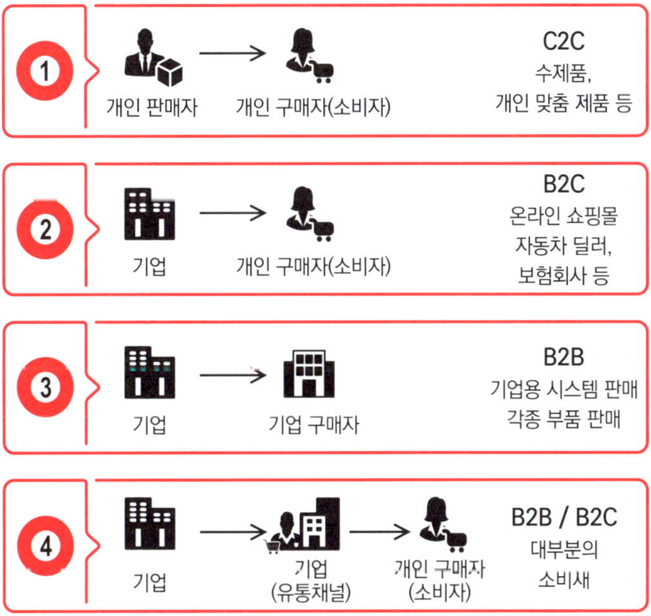

그렇다면 개인에게 판매하는 경우와 회사에 판매하는 경우에 있어 가장 큰 차이점은 무엇일까? 그 차이를 이해하기 위해서 가장 중요하게 알아야 하는 개념이 바로 '복합 세일즈 Complex Sales'이다.

복합 세일즈란 한마디로 이야기하자면, 최종 구매 의사 결정이 내려지기 위해서 복수의 사람들이 구매를 승인하거나 의견을 제시해야 비로소 판매가 실행되는 세일즈를 의미한다.

가령 매장의 점원이 일대일로 만나서 누구에게 옷을 판매하는 경우에는 기본적으로 의사 결정권자가 한 명이기 때문에 비교적 손쉽게 판매가 이루어질 수 있다. 간혹 부부가 같이 와서 옷을 고르는 경우라 하더라도 옷의 경우는 한 사람이 사용하는 것이니까 다른 사람이 조언하는Advisor 역할밖에는 하지 못한다.

하지만 침대 매장에서 침대를 판매하는 경우에 침대를 부부가 같이 와서 고르는 경우에는 복잡성Complexity이 급격히 증가하게 된다. 부부 모두 의사결정 과정에 참여하고 둘 사이에 서로 다른 의견과 니즈Needs가 존재하기 때문이다.

남편은 크고 딱딱한 게 좋다고 하고, 아내는 폭신폭신하고 높은 게 좋다고 한다면 판매자의 입장에서는 판매하기가 매우 까다로워진다. 비공식적인 수치지만, 판매자의 입장에서는 부부가 함께 와서 물건을 고르는 경우가 혼자 와서 물건을 고르는 경우보다 제품을 판매할 확률이 1/4 수준으로 떨어진다고 한다.

하물며 기업과 기업의 경우는 다음과 같다.

1. 구매하는 조직은 여러 선택권Options을 가지고 있다.
2. 판매하는 조직도 여러 선택권을 가지고 있다.
3. 두 조직 모두 여러 단계별 책임자가 관여한다.
4. 고위험, 고비용의 의사 결정으로 선택에 매우 신중하나.
5. 구매하는 조직의 의사 결정 과정은 매우 복잡하여 외부 사람이 알기 힘들다.

이런 다양한 요인으로 복합 세일즈는 더욱 어려워지기 때문에 훨씬 분석적인 판매 전략이 필요하다.

구매 센터 Buying Center의 구성원

그렇다면 복합 세일즈Complex Sales에서 구매 프로세스에 참여하는 사람들은 어떤 사람이며 각각 어떠한 역할을 수행하는지 알아볼 필요가 있다. 구매 프로세스에 관여하는 사람들의 집단을 '구매 센터Buying Center'라고 부른다.

복합 세일즈에 있어 구매 센터는 반드시 존재한다. 미국의 최대 전자 유통회사인 베스트바이Best Buy에도 구매 센터가 있고, 통신사업자인 티모바일T-Mobile에도 있으며, 유럽의 전자 유통회사인 미디아마크트Media Markt에도 있다.

구매 센터라는 개념은 오래전부터 존재해 왔으며 밀러 하이만Miller Heiman의 『전략적 판매The New Strategic Selling』라는 책을 통해 좀 더 구체화되었다. 그 이후 많은 세일즈 교육 기업, 하버드 비즈니스 스쿨Harvard Business School을 비롯한 대학 등에서 다양한 세일즈 모델이 제시되어 왔다.

『전략적 판매The New Strategic Selling』

『The New Strategic Selling』은 1985년 출간된 『Strategic Selling』의 개정판으로, 복잡한 B2B(기업 간) 영업 환경에서 전략적으로 접근하는 방법을 제시한 영업 분야의 고전이다. 저자인 Robert B. Miller는 40년 이상의 영업과 컨설팅 경험을 가진 전략적 영업 전문가로, 복잡한 영업 환경에서의 전략 수립에 탁월한 통찰력을 제공한다. Stephen E. Heiman는 IBM, Kepner-Tregoe 등에서 세일즈맨으로서 성과를 인정받은 후 세일즈 역량 분야에서 30년 이상 활동하며 실무 중심의 전략을 제시했다.

한 회사가 추가로 전용비행기를 구매하기로 결정하였다

고 가정하자. 이 구매의 프로세스상에는 최초로 추가 전용기의 필요성을 제기한 사람이 있을 것이고, 원하는 전용기의 사양에 따라 입찰에 참여할 비행기 납품회사들의 리스트를 만드는 사람이 있을 것이다.

또한 구매할 전용기에 대해 자신의 입장에서 여러 가지 다른 필요와 의견을 제시하는 사람들이 있을 것이다. 그 전용기를 실제로 활용할 회사의 고위 임원들은 좌석의 편안함 등에 관심이 있을 것이고, 전용기 기장은 비행기의 성능이나 조작 편의성에 최우선적인 니즈가 있을 것이다.

구매팀은 가격에, 법무팀은 구매 계약 조건에 관심이 있을 것이다. 그리고 누군가는 그 모든 의견을 종합하여 최종적으로 비행기 납품업체를 선택하는 의사 결정을 내릴 것이다. 이처럼 다양한 사람들이 구매 센터를 구성하게 되고, 각각의 고유한 역할을 수행하게 된다.

일반적으로 한 회사에서 제품이나 서비스를 구매할 때에는 구매 제품의 성격에 따라 구매 센터를 구성하는 참여자의 조합은 다소 달라질 수 있으나, 구매 센터 내에서 그 구성원의 역할은 보통 다음과 같은 6가지로 크게 나타난다.

구매 센터의 주요 관련자들

구매 의사 결정자
- 검토된 구매 사항에 대해 최종적으로 '예스' 또는 '노'를 말하는 사람

최초 제안자
- 특정 제품이나 서비스를 구매하면 회사의 문제를 해결할 수 있다는 점을 인지하고 알리는 사람

평가자
- 제품 정보나 납품회사가 의사 결정자에게 접근할 수 있도록 관리하는 사람. 어떤 납품회사가 판매 기회를 가질지 정할 수 있음. 최종 결정에서 '예스'는 못 하지만 '노'는 할 수 있음. 이들은 주로 "이 제품이 우리가 원하는 조건을 충족하나요?"라고 질문함

사용자
- 구매된 제품이나 서비스를 직접 사용하는 사람. 따라서 구매 제품이나 서비스가 그들의 업무 성과에 어떤 영향을 미칠지 판단함

인플루언서
- 구매 프로세스에 직접 참여하진 않으나, 구매를 할지 말지, 무엇을 구매할지에 대해 한마디 할 수 있는 사람

멘토
- 판매자가 특정 세일즈 목표를 달성하도록 가이드함

1 구매 의사 결정자Decision Maker

- 구매 프로세스에 있어 최종 결정권을 가진 사람이다. 이 사람은 회사 내 예산에 대한 전용권을 가지며, 구매 결정에 있어 구매 센터 내 다양한 의견을 수용할 수도 있고 어떤 경우에는 단독적으로 최종 결정도 내릴 수 있는 최고의 파워Power를 가진 사람이다.
- 많은 경우에 회사의 CEO이거나 해당 부서의 부서장일 경우가 많지만, 항상 그런 것은 아니고 CEO가 위임한 사람이거나 사안에 따라서는 중간 책임자가 이 역할을 수행할 때도 있다.
- 때로는 위원회 등의 의사 결정 기구가 의사 결정자 역할을 할 수 있지만 그 기구 내에서도 권한이나 영향력이 가장 큰 어떤 사람이 최종 승인한다.
- 이들의 관심은 '이 돈을 쓰면서 얻을 수 있는 효과는 무엇인가?'이다.
- 밀러 하이만Miller Heiman은 이 역할을 'Economic Buyer'라는 용어로 정의하였다.

2 최초 제안자Initiator

- 어떤 제품을 구매함으로써 회사의 문제를 해결할 수 있으니 구매를 검토하자고 최초로 의견을 제시하는 사람이다.

3 평가자Evaluator

- 회사가 필요로 하는 제품의 사양Spec을 기본으로 입찰에 참여할 납품업체를 선별하는 사람이다. 이들은 많은 경우에 회사의 구매부서에 속하며, 판매 기업의 어카운트 매니저Account Manager들이 가장 많이 접하는 사람들이기도 하다.
- 이들의 역할은 걸러내는 것이다. 즉 제품이나 서비스가 요구조건에 완벽하게 들어맞는 것으로 보여도 가격, 납기, 평판 등 어느 하나를 이유로 판매에 제동을 걸 수 있다.
- 최종 승인Final Yes을 내릴 수 있는 권한은 없으나, 최종 탈락Final No 결정은 내릴 수 있는 사람들이다. 더욱 이들은 자신이 의사 결정자인 것처럼 전략적으로 행동하기도 한다.

4 사용자User

- 실제 제품이나 서비스를 구매했을 때 이를 사용할 실사용자를 의미한다.
- 각기 다른 본인의 니즈에 따라 다양한 의견을 제시하는 역할을 한다. 따라서 "이 제품이나 서비스가 나의 업무에 어떻게 도움이 됩니까?"라는 질문에 만족스러운 답을 할 수 있어야 한다.

5 인플루언서Influencer

- 구매 프로세스에 직접적으로 관여하지는 않지만 어떠한 이

유에서 본인의 의견을 제시하는 사람이다.

- 이들이 회사 내에서 중요한 포지션을 차지하고 있거나, 그 분야의 전문가라면 인플루언서의 영향력은 그만큼 더 커지게 된다.

6 멘토Mentor

- 구매 센터의 다른 구성원과는 달리 독특한 역할을 수행한다. 이 사람은 해당 제품의 구매가 회사에 미치는 영향보다는, 판매자의 성공에 관심을 가지는 사람이다. 이 사람은 어떤 특정한 이유로 판매자에게 판매 성공에 필요한 정보나 가이드를 제공해 주는 코치 역할을 수행하기도 한다.
- 멘토는 구매 기업의 구매 센터 내에 존재하기도 하고 외부에 존재하기도 한다.
- 판매자의 입장에서 좋은 멘토가 있다는 것은 행운이며 그만큼 판매에 성공할 확률이 높다는 의미가 되기도 한다.

판매자의 입장에서는 구매 센터 각각의 구성원들이 모두 중요하다. 하지만 그중에서도 의사 결정자가 결정적 역할을 한다는 점은 분명하다.

한번은 이런 경우도 있었다. 삼성전자의 다음 연도 휴대폰 전략 제품이 소소한 부분을 만족시키지 못했다는 이유로 통신사업자의 구매팀 실무진에 의해 다음 연도 전략 판매 포트폴리오에 포함되지 못하는 일이 발생하였다. 삼성전자로서는 심혈을 기울인 제품이었다. 글로벌 론칭 일정은 다가오는데 깐깐한 실무진들로부터 도무지 쉽게 도입 승인이 떨어지지 않았다.

때마침 그때가 2월이라 대형 통신박람회인 MWC Mobile World Congress가 열리는 시기였다. 나는 그 사업자의 CEO가 우리 부스에 온다는 정보를 받았다. 그런데 앞의 미팅을 마치고 부스로 돌아오니, 그는 이미 우리 부스를 떠나 저만치 가고 있었다. 서둘러 쫓아가서, 간단하게 다음과 같이 말했다.

"우리가 이 제품을 당신 회사의 경쟁사 세 군데서 다 도입을 하는데, 당신 회사의 실무자는 여러 번 설득해도 이것을 안 한다고 하더라. 단지 난 당신이 이 상황은 알고 있어야 한다고 생각한다."

그러니까 그가 주머니에서 메모지 한 장을 꺼내더니 "그 제품의 이름이 뭐라고?"라고 묻고는 메모지에 적더니 돌아서서 가던 길로 갔다. 그리고 일주일이 지나자 그 제품이 그 사업자의 다음 연도 제1 전략 제품으로 선정되었다는 통보를 받았다.

이것이 의사 결정자의 전형적인 파워이다. 실무자가 뭐라고 결정하더라도 그것을 뒤집을 수 있는 사람이 의사 결정자이다.

물론 그 이후 그 통신사업자의 실무진으로부터 다소의 푸념을 듣기는 했지만, 한편 내가 급하면 그들의 상사와 직접 소통할 수 있다는 점을 알았기 때문에 이후로 우리를 함부로 대하지도 못하였다. 그 제품은 후에 그 사업자를 통해 전 세계적으로 가장 많은 물량이 판매되었다.

내가 사업자의 CEO를 쫓아가서 한 것이 전형적인 엘리베이터 피치Elevator Pitch이다. 필요한 핵심 정보를 엘리베이터를 같이 타고 가는 30초 남짓한 시간 동안 정확하게 전달하는 것을 말하며, 특히 CEO같이 항상 시간에 쫓기는 의사 결정권자와 만날 때 필요하다.

이 엘리베이터 피치는 "빨리 요점만 말해봐" 하는 상관에게도 필요하고, 또 취업 면접 때에도 유용하다. 이를 잘하기 위해서는 명확, 간결하고 설득력이 있어야 한다. 사전에 충분한 준비는 물론이고 자신감과 많은 연습이 필수이다.

개인적 성취와 비즈니스 성과 Win-Results

하나의 판매에 있어 구매 센터Buying Center의 분석이 끝나면 그 다음으로 해야 할 것은 무엇인가? 질문을 달리 하자면 구매 센터의 구성원들은 어떤 기준과 어떤 이유로 제품의 구매결정을 내리게 되는가?

우리는 흔히 구매자는 '싸고 좋은' 제품을 원한다고 생각한다. 그리고 대개 회사의 비즈니스와 목표 달성에 가장 큰 성과를 줄 수 있을 제품을 결정할 것이라고 믿는다. 물론 이것이 틀린 말은 아니다. 하지만 여기에는 세일즈에 있어서 중요한 두 가지 중 한 가지 요인이 결여되어 있다.

바로 구매를 하는 개인적인 이유, 즉 '개인적 성취'이다. '성취-성과Win-Results'라는 개념은 좀 더 알기 쉽게 풀어 쓰자면 '개인적 성취Personal Win, 사업적 성과Business Results'이다.

Win + Results = Success

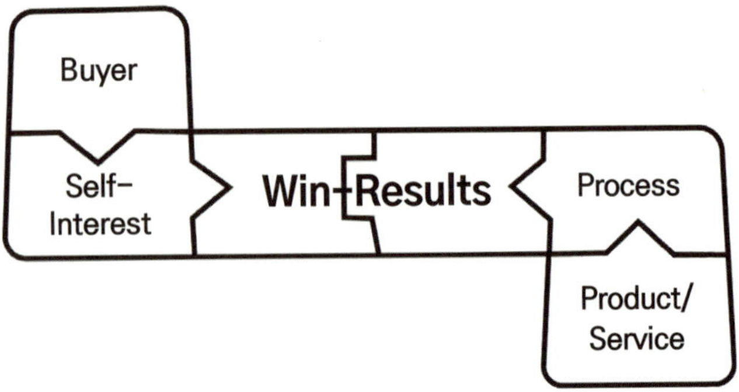

사업적 성과는 구매자 입장에서 구매 행위가 회사의 비즈니스에 미치는 영향을 의미한다. 상당히 논리적이며 객관적인 입장에서 최고의 대안이 무엇인지, 어떤 구매가 회사 입장에서 가장 이득일지를 따져보는 부분이다.

이는 상당히 객관적이고 잘 드러나며 측정 가능Tangible한 부분이다. 판매자 입장에서는 자신들의 대안을 제시하면서 이것이 왜 최고의 대안인지를 논리적으로 설득시켜야 한다.

하지만 이것만으로 어떤 세일즈가 성공할 수 있다고 생각해서는 안 된다. 실제 많은 사람들이 간과하는 부분이 바로 '개인적 성취'이다. 개인적 성취란 구매 센터에 속한 개인들이 구매 의사 결정과 관련하여 가지는 개개인의 관심사 Self-Interest를 의미한다.

그리고 사업적 성과와는 달리 개인적 성취는 개인마다 상이하며 파악하기도 쉽지 않다. 어떤 사람은 특정 구매 결정을 통해 본인이 가지고 있는 부서 내 포지션을 강화하고 싶어 하거나 동료보다 빠른 승진을 기대하기도 하고, 어떤 사람은 자신의 지인에게 도움을 주고자 구매 결정을 하기도 한다.

그 외에도 개인적인 구매 이유는 매우 다양하다. 이와 같은 개인적인 관심사가 무엇인지를 파악하여 그것들을 만족시켜 줄 수 있는 솔루션까지 제공해 줄 수 있어야 세일즈의 성공률을 더 높일 수 있다.

실례를 하나 들어 보겠다. 삼성의 휴대폰이 많은 국가에서 No. 1의 위치에 근접해 가고 있는 시점에서 유독 한 곳에서 고전했던 사례가 있다. 주요 이유는 이 국가의 대부분 사업자는 삼성전자 제품을 가장 많이 도입했지만, 유독 제1 통신사업자에서는 경쟁사에 밀려 몇 년간 성장이 정체되어 있었기 때문이다.

이 사업자 내에서 1등을 하자는 목표가 수립되었고, 그때부터 이 사업자에 대한 면밀한 분석이 이루어졌다. 제일 먼저 그 사업자를 담당했던 어카운트 매니저를 영입하여 그 사업자의 건물 바로 옆에 사무실을 설치, 365일 밀착 관리하는 역할을 부여하였다. 그리고 그를 통해 정보를 수집하고 그 사업자의 구매 센터와 그 구성원들 각각의 성취와 사업적 성과에 대해 분석하였다.

분석 결과 구매 결정권자의 개인적 성취는 당시 그의 포지션인 무선통신 부분 총괄에서 전체 그룹 총괄로 승진하는 것이었다. 한편, 그의 승진에 결정권을 가지고 있는 그룹 이사회 의장의 개인적 성취는 당시 사외에서 어떤 명예직을 수행하고 있었는데, 이 명예직을 지속적으로 유지하는 것이었다. 그리고 당사에게 늘 깐깐하게 굴었던 그 사업자의 판매 포트폴리오 담당자Evaluator 역할는 개인적으로 경쟁사의 열렬한 팬인 것으로 파악되었다.

나중에 알게 되었지만 그가 경쟁사와 어떤 특정 관계가 있었던 것은 아니나, 그가 생각하기에 우리의 경쟁사가 그에게 있어서는 최고의 선택Best Choice이었고, 경쟁사 역시 이 사업자가 제1 사업자이다 보니 헌신적으로 요청 사항에 대응해 왔던 것이다. 따라서 그로서는 굳이 전략적 파트너를 바꿀 필요성을 느끼지 못했던 것이다.

이런 식으로 구매 센터가 분석되자 신속하게 다음 단계로 넘어가게 되었다. 당사 내부적으로 구매 센터 구성원 각각의 개인적 성취를 도와줄 수 있는 적임자들이 선출되었고, 거기에 맞는 일련의 플랜이 가동되었다. 구체적으로 어떤 일들이 벌어졌는지는 다 밝히진 못하지만, 이후 이 사업자 내에서 삼성전자는 최고의 점유율을 점유하게 되었으며, 상호 매우 중요한 사업 파트너로서 사업 규모를 더욱 확대해 가고 있다.

경쟁사의 열렬한 팬이라면서 평가자 역할을 담당했던 제품 포트폴리오 담당자는, 매우 좋아하는 게 두 가지가 있는데 하나는 낚시이고 또 하나는 스카치 위스키였다. 여러 번 폭탄주도 같이 마시고 했는데, 통 마음을 열지 않았다.

그러다 다음 연도 계획에 대해 제주도에서 워크샵을 한번 하자 해서 오전에는 열심히 프레젠테이션을 하고 오후에는 액티비티 프로그램을 마련하였는데, 늘 그랬듯이 골프 외에는 별다른 옵션이 없었다.

그때 나는 낚시를 제안하였고 낚시팀과 골프팀이 나뉘게 되었다. 낚시를 하자고 제안한 것은 물론 그 담당자를 위해서였다. 전날 실무진들을 통해 알아보라고 했더니 잘 알려지지는 않았지만 아주 훌륭한 낚시 프로그램이 제주도에 있다는 것이었다.

서귀포에서 요트를 띄워서 그 위에서 낚시를 하는데, 섬에서 나가는 거리가 1~2km밖에 안 되고, 어군탐지기로 고기들이 많은 곳을 찾아내서 낚시를 하는 것이었다. 그리고 잡은 고기들을 그 자리에서 숯불에다 구워 먹는 것인데 꽤나 재미있고 운치 있는 일이었다. 비용도 골프에 비하면 절반 정도로 저렴했다. 거기다 고급 와인도 차려 놓았다.

나처럼 골프 좋아하는 사람이 만사 제쳐놓고 그 담당자와 나란히 앉아 낚시를 한 지 한 시간쯤 되었을까, 그가 갑자기 "이거 먹으니까 소주가 생각난다"라고 했다. 배 위에 앉아 소주를 몇 잔씩 기울였더니 조금 더 가까워지는 것이 느껴지고, '오늘은 좀 이야기가 되겠구나'라는 생각이 들었다.

낚시광인 포트폴리오 담당자는 내게 귀에다 대고 "자기가 마음을 못 열었던 것이 악의가 있어서가 아니고…"라면서 본격적으로 이야기가 시작되었다.

"삼성을 새로운 납품회사Vendor로 선정하는 것에 회사 내의 반대가 좀 있었다. 그러나 내가 주도해서 삼성을 밀었는데, 이런 새로운 시도를 계기로 우리 회사 내에서 인정받고 싶다. 하니 삼성에서 많이 도와주면 좋겠다. 그리고 삼성이 채용한 우리 회사 전담 어카운트 매니저는 나와 잘 아는 지인이니, 이 사람도 성과를 낼 수 있도록 잘 부탁한다."

물론 우리는 최선을 다했지만, 특히 그 사람의 개인적 성취를 위해 더 노력했다. 나중에 그에게 이야기를 들으니 그날 내가 자신을 위해 온몸으로 보여 주었던 진정성에 진심으로 감사하고 있으며 지금까지도 그날 이야기를 한다고 한다.

나중에 한 번 더 이야기할 기회가 있겠지만, 세일즈맨은 항상 친절Friendly해야 한다. 그리고 진정성을 보여주며 신뢰를 얻어야 한다. 세상 사람들은 누구나 다 친구 같은 사람과 비즈니스 하기를 원하기 때문이다.

앞에서도 언급했듯이 개개인의 개인적 성취를 파악하는 것은 쉽지 않다. 많은 사람들이 공식적인 비즈니스 석상에서 자신의 신상에 대한 이야기는 하지 않는다. 많은 경우 구매센터 내 멘토 역할을 해 주는 사람이 있다면 그 사람으로부터 적절한 도움을 받을 수가 있다.

혹은 어느 정도 관계가 돈독해졌다고 판단되는 단계에 이르면 직접 물어봐서 알아내는 경우도 있다. 당신이 그 사람에 대해 어느 정도 알게 되었다고 판단되는 경우, 그간의 관계를 통해 짐작해 보고 "혹시 낚시가 좋아요? 골프가 좋아요?" 이런 식으로 물어보면 많은 경우에 쉽게 답을 얻을 수도 있다.

하지만 잊지 말아야 할 것은 이러한 모든 노력에 선행하여 우리의 제품이 구매자 입장에서 최선의 선택이라는 것에 대해 객관적이고 논리적으로 확신을 주어야 한다는 것이다. 사업적 성과가 확실하지 않으면 개인적 성취는 의미 없다.

구매 센터의 분석은 세일즈 프로세스Sales Process상 가장 첫 번째 단계에서 이루어져야 하는 일이다. 요즈음같이 인터넷과 다양한 미디어가 발달된 환경에서는 큰 어려움 없이 홈페이지에서 애뉴얼 리포트Annual Report를 읽어 보거나, 인터넷을 통해 CEO가 최근에 한 스피치 몇 개만 찾아봐도 상당히 많은 정보를 얻을 수가 있다.

기업들은 대체로 다양한 방식으로 홍보PR를 하고 있으니, 요즘 그들의 관심사가 무엇이라는 것은 어렵지 않게 알 수 있다. 그 정도의 기본적인 지식만 사전에 준비해도 그렇지 않은 경우와 비교해 보면 상당한 차이를 만들 수 있다.

우리가 거래처 미팅을 준비할 때 그런 일조차도 안 하고 우리 이야기만 하려고 준비하는 경우가 종종 있어 안타깝다. 훌륭한 세일즈맨에게 자기 이야기를 하기에 앞서 고객의 이야기를 잘 듣는 훈련이 필요하다는 것은 새삼 강조할 필요도 없을 것이다.

경쟁
Competition

오늘날 경쟁이 치열해지는 이유 중의 하나는 제품의 차별성 부족이다. 처음에는 경쟁 우위가 있더라도 경쟁사도 눈 깜빡할 사이에 더 좋은 제품을 출시한다.

두 번째는 더욱 스마트해지는 고객이다. 복합 세일즈에서의 고객은 대부분 전문가 집단이고 사전에 충분히 조사하고 공부하여 우리의 제품에 대해 잘 알고 있을 뿐만 아니라 경쟁사 제품에 대해서도 잘 알고 있으므로 의도적으로 제품이 모두 그게 그거라며 가격 경쟁을 유도하기도 한다.

더욱 새로운 형태의 경쟁이 있다. 경쟁사로부터 구매하는 경우 말고, 예산을 구매하는 데 쓰지 않고 다른 용도로 전용하거나, 가장 어려운 경쟁은 아무것도 안 하는 것이다. 새로운 것을 도입하는 데 필요한 시간, 자원, 인력을 소모하는 것이 아깝다고 생각하여 세일즈맨이 제공하는 이점을 인정하지 않는 것이다.

그러므로 우리의 위치를 항상 잘 파악하고 있어야 한다. 우리가 유일한 공급업체인지? 경쟁사는 있지만 우리가 압도적인 우위를 지키고 있는지? 수많은 업체 중에 하나인지? 아니면 경쟁사가 절대 유리한 위치에 있는 것은 아닌지?

그러나 경쟁자에게 지나치게 집중하는 것은 도움이 되지 않는다. 경쟁자에게 초점을 맞추는 것은 어쩔 수 없이 대응에만 급급하기 때문에 실패할 가능성이 높아진다. 경쟁자가 게임의 법칙을 정하게 하고, 경쟁자의 강점을 상쇄하려 하면 본의 아니게 우리의 약점을 노출하게 될 수도 있다.

우리는 고객에게 초점을 맞추어야 한다. 최악의 전략은 경쟁에만 초점을 맞추는 것이지만, 더 나쁜 전략은 자신의 제품이나 서비스가 최고라는 생각으로 장점을 잘 설명하면 경쟁에서 이길 수 있다고 생각하는 것이다.

효과적으로 경쟁하기 위해서는 고객의 문제를 해결하고 긍정적인 변화를 제공한다고 고객이 인식하여야 한다. 우리가 제공하는 그 '무엇'이 고객에게 가치가 있고 다른 곳에서는 구할 수 없다는 점을 고객에게 보일 수 있다면 절대적인 경쟁력을 가지게 되는 것이다. 그 '무엇'은 우리의 제품이나 서비스일 수도 있지만, 궁극적으로는 고객에게 도움이 되는 유무형의 기여를 말하는 것이다.

약속을 지킬 때 신뢰가 쌓인다
Under Promise, Over Deliver

세일즈에서 기본 중의 기본이 신뢰이며, 이를 위해 반드시 약속을 지켜야 한다는 것은 너무 당연한 원칙이다. 그런데 세일즈를 하다 보면, 잘하고 싶다는 욕심 때문에 또는 고객의 요구를 충족시키고 싶다는 선한 의도 때문에, 고객에게 확신하기 어려운 약속을 하고 싶은 순간이 종종 있다.

이러한 약속은 절대 해서는 안 된다. 고객의 신뢰는 약속을 하는 데서 오는 것이 아니라, 약속을 정확하게 지키는 데서 오는 것이기 때문이다. 이는 세일즈만이 아니라 우리의 사회생활, 친구 관계, 가족 관계 모두에서 적용된다.

그렇다면, 고객이 과한 요구를 할 경우에 어떻게 해야 할까? '가격을 할인해 달라, 제품을 좀 변경해 달라, 납품 시기를 앞당겨 달라' 등 고객은, 자신의 이득을 위해 여러 가지 요구를 하는 경우가 많다. 도전적으로 약속하고 그것을 지킬 수 있으면 너무 다행이나, 그렇지 못할 경우가 문제이다.

'Under Promise, Over Deliver'는 고객이 요구할 경우 고객이 무엇을 원하는지 알았으니 그것을 해주고자 최선을 다하되, 섣불리 약속하지는 말라는 의미이다. 좀 부족하게 약속하고, 더 나은 성과를 보여 주면 고객의 만족감은 더 높게 마련이다.

1999년 6월 유럽 영업팀의 회의실. SGH-600의 거래처 미팅을 위한 회의였다. 나가서 거래처를 만나기만 하면 다 될 것 같은 열기가 회의실을 덮고 있었다. 그도 그럴 것이 CDMA만을 팔던 사업 전략을 바꾸고, GSM 시장에 들어가겠다고 결정하고 나서 몇 달을 개점 휴업 상태로 보냈기 때문이다.

길고 열기가 높았던 회의의 끝, 내일부터 유럽으로 출장 갈 팀원들에게 내가 던진 한 마디는 '파이팅'이 아니었다. 'Under Promise Over Deliver'가 그날 회의의 마지막 한 마디였다. '무리하게 그 자리에서 수주를, 모든 것을 끝장내려고 하지 마라. 특히 납기 일정, 제품 스펙 커스터마이제이션 등은 개발 및 본사와 협의 후 제시하라'는 메시지였다.

흔히 기대하듯, '일단 수주만 해와라. 뒤는 내가 책임지겠다'가 아니다 보니 영업팀으로서는 맥 빠지는 요구였다. 그전까지의 영업 방식은 일단 그 자리에서 약속을 하고 돌아와서, 밤을 새워서라도 그 약속을 지키기 위해 노력하는 것이었다. 그럼에도 불구하고 종종 약속을 지키지 못하는 경우가 있기 마련이었다.

그러나 그때부터였다. 삼성 휴대폰이 시장의 신뢰를 쌓기 시작한 시점이, 유럽의 그 까다롭고 콧대 높던 통신 거래처로부터 "어? 이 회사는 좀 다르네" 하는 얘기를 듣게 된 것도 그때부터였다. 삼성 휴대폰은 '합리적'이고 '되는 것과 안 되는 것을 분명하게 얘기한다'는 평가를 받으면서 신뢰는 쌓이기 시작했다.

주요 사업자 미팅 때는, 전략 마케팅 팀장이었던 내가 사업부장과 함께 출장을 갔다. 사업부장은 제품에 대한 자부심과 애착이 강했다. 신제품이 자식과 같았다. 또한 본사에서 신제품을 개발하는 엔지니어들에 대한 자부심으로 가득하였다. 사업자와의 다음 연도 라인업 미팅이 잘되었다. 고객은 신제품에 상당히 흡족해했다.

그런데, "이 모델이 우리 내년도 사업에 딱인데, 기능을 몇 개 추가하면 훨씬 좋겠습니다. 출시 일정이 촉박한데, 내년 1월까지 가능할까요?"라는 고객의 말에, 사업부장은 거침없이 "금년 12월 말까지 해 드리겠습니다"라고 했다.

미팅 종료 후, 전략 마케팅 팀장이었던 나는 통신사업자와 다시 미팅을 해야 했다.

"사업부장이 열심히 해보겠다는 것이지, 12월 말까지는 절대 불가능합니다. 최대한 빨리해서 2월 말, 늦어도 3월 말까지 하겠습니다. 단, 귀사의 신제품 론칭은 반드시 맞춰 드립니다."

사업부장은 공격적인 목표를 설정하고 그것을 달성하는 것을 즐기는 성격이지만, 나는 뒤에서 현실적인 목표치로 무마하였다. 실제로 그 제품은 2월 말경에 납품되었다.

그 당시 유럽의 통신사업자들은 시장 점유율 50%가 넘어가던 노키아를 견제하고 싶어했고, 그 견제할 가능성이 있는 브랜드로 삼성 휴대폰을 생각했었다. 그 상황에서 과도하게 12월 말로 약속했더라면, 어떻게 되었을까? 통신사업자들은 '그러면 그렇지… 역시 삼성은 아직 안 되는구나' 했을 것이다.

판매 깔때기 Sales Funnel로 높아지는 판매 예측

판매 예측의 중요성은 아무리 강조하여도 지나치지 않다. 이 판매 예측을 기반으로 생산 계획, 재고 관리, 인력 운영, 자금 흐름 등 모든 자원이 배분되기 때문이다.

제조업체의 경우, 일부 부품은 6개월 또는 1년 전에 확보하여야 하는 경우도 많은데, 잘못되면 매출 기회를 놓치게 되거나 또는 악성 재고로 남게 되어 회사 경영에 치명적인 결과를 초래하기도 한다.

판매 예측을 잘하기 위한 여러 방법이 있겠지만, 그 기본이 되는 판매 깔때기Sales Funnel 또는 파이프라인Pipelines의 개념을 활용하면 세일즈 활동의 효율성을 분석하고 개선하여 판매 성과도 좋아지고 판매 예측의 정확성을 높일 수 있다.

깔때기라는 말을 쓰는 이유는 처음에는 많은 잠재 고객이 있지만 단계가 진행될수록 점점 줄어들어 일부만 구매로 이어지는 모양이 깔때기Funnel와 비슷하기 때문이다.

판매 깔때기의 주요 단계는, 인지Awareness-관심Interest-평가Evaluation-구매Purchase-재구매와 추천Repeat Business and Good Referrals으로 이루어진다.

이렇게 하면 각각의 단일 판매 목표Single Sales Objective가 어느 단계에 있는지를 알게 되어 자원을 어디에 언제 투입해야 하는지 결정할 수 있기 때문에 판매 예측의 정확도가 높아져, 들쑥날쑥한 판매 실적이 줄어들고 또 판매 전략을 시의적절하게 구사할 수 있게 된다.

판매 깔때기의 각 단계에 충분한 고객, 즉 단일 판매 목표가 있는 것이 바람직하기 때문에 세일즈맨은 업무의 우선순위를 정하고, 자신의 시간을 어디에 투입해야 하는지를 구체적으로 알게 된다. 즉 게임에서 이기기 위한 기본적인 원칙을 지키게 된다.

Prioritize-Focus-Win, 우선순위를 정하고 자원을 집중하여 승리한다.

세일즈맨의 역할

구매자에게 있어서 구매 센터Buying Center 내에 다양한 부서의 다양한 사람들이 존재하듯이, 판매자에 있어서도 다양한 부서가 관여된다.

삼성전자의 경우만 하더라도 하나의 제품을 통신사업자에게 제안하기 위해서는 세일즈팀, 마케팅팀, 상품 기획, 개발, CS, 물류 등 수많은 부서의 협업이 필요하다. 그렇다면 그 속에서 세일즈팀 혹은 세일즈맨의 역할은 무엇일까?

세일즈맨은 판매를 하는 것을 넘어, 고객의 요구를 충족시키기 위해 여러 내부 부서와 긴밀하게 협력하여야 한다. 예를 들면 다음과 같은 역할이다.

1. 상품 기획

당시의 휴대폰 사업부장은 세계 최고World Best 명품 전략으로 시장을 장악하고 싶어 했다. 유니클로가 아니고 샤넬이 되고자 했던 것이다. 이 전략은 초기에 잘 통했다. 노키아, 모토로라와는 다른 프리미엄 폰으로 시장에 자리 잡았기 때문이다.

그러나 판매 현장에서는 고객들에게 "삼성 휴대폰은 디자인도 좋고, 품질도 좋지만 가격이 너무 비싸다"라는 이야기를 자주 듣게 되었다. 또한 나는 수요 물량이 큰 개발 도상국에 더 많이 팔 수 있는 무기가 필요했다.

나는 제품 개발팀장에게 디자인이 멋지지만, 몇 가지 자주 사용하지 않는 옵션 기능을 빼면 적정 가격에 판매할 수 있는 휴대폰을 제안, 개발하자고 설득하였다. 바로 E-250.

사업부장은 이런 제품에 관심이 없었고 반대할 것으로 보였다. 그래서 나와 개발팀장은, 주말과 퇴근 후에 근무하면서 이 휴대폰을 준비하였다. 단, 이 제품을 시장에 출시하기 위해서는 사업부장의 승인이 필요했다.

나는 개발회의 때, 여러 휴대폰 계획에 슬쩍 E-250을 보함시켰다. 다른 프리미엄 폰에 대한 토론이 많았기 때문에 E-250은 특별한 이슈 없이 넘어갔다. 그리고 동유럽, 중남미 등의 시장에서 E-250에 대해 엄청난 반응이 왔다. 서유럽, 북미 등의 선진국 시장에서도 중저가 시장용으로 수요가 많았다.

당시 사업부장이 알면서도 못 본 척 우리의 주장을 받아들인 것을 알게 되었다. 훗날 사업부장은 E-250을 '외화내빈'이라고 부르며 사랑하였다.

2. 판매 물량 예측

다른 전자 제품과 마찬가지로 휴대폰에는 여러 부품이 들어가고, 일부 부품은 납기가 6개월도 더 된다. 따라서 휴대폰 판매량 예측은 매우 중요하다.

판매 예측을 모델별로 해야 하기 때문에, 3~6개월 전에는 판매 예측이 되어야 부품도 미리 발주, 구매하고 생산 계획을 세울 수 있다. 이 예측이 잘못되면 일부 제품은 재고로 남게 되고, 어떤 모델은 수요가 있어도 공급하지 못하는 경우가 발생한다. 판매 기회를 놓치는 것이다.

모든 제품이 1년 중 성수기가 있고 비수기가 있는데, 휴대폰은 연말에 많이 판매된다. 이를 대비해서 통신사업자들은 휴대폰 제조업체에게 11월, 12월에는 더 많은 제품을 보내라고 요구한다. 그러나 우리는 과도하게 생산하지도 공급하지도 않았다. 심지어 12월에는 아예 선적을 하지 않았다.

통신사업자들은 "지금 너무 잘 팔려서 재고가 없다. 고객이 삼성폰을 찾는다" 또는 "매장에 삼성폰이 전시되어 있던 자리가 비었으니 경쟁사 휴대폰으로 채우겠다", "내년에는 삼성폰에 할당하는 매장 면적Shelf-Space을 축소하겠다"라고 위협하였다.

사실 유통 고객사가 물건을 더 팔겠다고 더 보내 달라고 하는 것은 너무나 좋은 소식이다. 매출 증가에 인센티브, 승진을 할 수 있는 기회도 된다. 그러나 이렇게 공급 물량을 관리한 이유는 시장의 실제 수요, 즉 실제로 최종 소비자가 휴대폰을 구매해 가는 수요를 잘 예측하였기 때문이다.

이를 제대로 응대하지 못한 에릭슨, 필립스, 지멘스 등은 재고 문제로 새해에 신제품을 시장에 출시하지 못하였고 장기적으로 회사는 어려움에 처하게 되었다.

제품을 직접 고객에게 판매하는 매장에서는 통상, 연말

성수기를 대비해서 다소 많은 물량을 달라고 요청한다. 고객이 요청하는데 물건이 없어서 못 팔면 그 매장과 판매사원은 실기하게 된다.

이런 매장들이 많아지면 그 통신사업자는 매출 기회를 놓치게 되고, 삼성전자의 영업 담당자도 기회를 잃으며 매출도 줄게 된다. 따라서 유통 거래처들은 다들 조금씩 과도하게 물량을 주문한다. 그리고 결국 연말에는 재고가 남게 된다.

사실 통신사업자 입장에서는 재고가 남아도 별 문제가 없다. 제조업체인 삼성전자에게 반품을 하면 되기 때문이다. 또는 반품 안 하고 파격 세일을 할 경우, 그 차액을 제조업체인 삼성전자에게 전가하면 된다.

만약 제조업체가 재고를 반품받지 않으면, 통신사업자들이 신제품을 받아가지 않는다. 이렇게 되면 신제품이 시장에 출시되지 못하는 악순환이 발생한다. 심지어 과도하게 휴대폰을 공급한 삼성전자 법인의 현지 영업 담당자는 매출 인센티브를 다 챙길 수 있다. 통상 연말까지의 매출 실적으로 인센티브를 정산하고, 반품은 다음 해에나 발생하기 때문이다.

재고를 죄악시했던 삼성전자는 본사에서 각 지역 영업

담당자의 책임으로 공급량을 조정하여 매장과 창고에서 재고가 동이 날 때까지 제품을 공급하지 않았다. 판매 기회를 놓치는 경우가 없지 않았겠지만, 초기 3~4년간 악성 재고를 만들지 않고 매년 50% 이상 성장한 것은, 판매 물량 예측의 중요성을 다시 한번 보여준다.

판매 물량 예측 역할은, 수년 후 SCMSupply Chain Management 시스템으로 더욱 고도화되어 삼성전자 글로벌 비즈니스의 또 하나의 경쟁력이 되었다. SCM 시스템의 놀라운 점 중의 하나는 신제품을 출시하고 초기 7일에서 10일 정도의 판매 실적을 보면 향후 제품의 판매 추이를 상당히 정확하게 예측할 수 있다.

즉, 제품이 출시되면 초기 구매층은 일반적으로 시장 전체의 반응패턴을 축소판처럼 나타내기 때문이다. SCM 시스템은 수년간 축적한 판매 데이터를 기반으로 제품별 판매곡선을 학습해 두고, 출시 후 초기 판매와 30일 판매, 누적 판매의 비율을 추정해 낸다. 따라서 과거 유사 제품의 판매 속도와 비교하여 전체 수요를 예상할 수 있게 되는 것이다.

3. 마케팅 협업: 전시, 론칭, 프로모션

세계 3대 전자 제품 및 기술전시회는 매년 1월 초 라스베이거스에서 개최되는 CESConsumer Electronics Show, 9월 초에 베를린에서 개최되는 유럽 최대의 가전 및 소비자 전자제품 박람회 IFAInternationale FunkAusstellung, 그리고 매년 2월 말 또는 3월 초에 스페인의 바르셀로나에서 개최되는 세계 최대 이동통신 전시회 MWCMobile World Congress이다. 대부분의 휴대폰 제조업체는 이때 신제품을 소개한다.

이때 세일즈맨은 마케팅 부서와 함께 협력하여 제품 홍보, 브랜드 이미지 관리 등을 통해 시너지 효과를 창출해야 한다. 또한 경쟁사의 움직임을 가장 빠르게 감지하고 이에 대한 대응 전략을 수립해야 한다.

4. 시장 분석과 신제품의 시장 성공 가능성 판단

세일즈맨은 단순히 매출 실적을 올리는 것을 넘어, 회사의 중요한 전략적 방향을 설정하고 때로는 회사의 존망을 결정할 수 있는 중요한 역할을 수행한다.

신규 시장 진출 시에, 최전선에서 시장의 반응을 가장 먼저 센싱하는 것도 바로 세일즈맨이다. 이들의 경험과 판단에 따라 새로운 시장 진출이 성공할 수도 무산될 수도 있다. 회사가 야심차게 준비한 신제품이 시장에서 성공할 수 있는지 여부를 초기 고객 반응을 통해 예측하고 이들의 정확한 피드백을 회사에 전달하는 것은, 불필요한 손실을 줄이고 시장에 맞는 제품 개발 방향을 정하는 데에 큰 도움을 준다.

포르투갈을 SGH-600의 신규 시장으로 결정한 것은 지금 생각해도 행운과 우연의 소산이기도 하나, 세일즈맨의 입장에서는 신의 한 수였다.

종합하면 세일즈의 역할은, 가장 생생한 정보를 사업에 반영하는 것이고, 고객사와 우리 회사의 운명을 결정하는 중요한 일이다. 다만, 이 책에서는 유통 거래처나 기업 고객을 대상으로 하는 '거래처 관계 관리 및 판매'라는 '세일즈 활동 그 자체'에 초점을 맞춘다.

세일즈맨은 회사를 대표하여 고객과의 미팅을 주재하는 비즈니스 매니저이다. 다시 말하자면 오늘날의 세일즈맨은 마치 오케스트라의 지휘자와 같이 다양한 기능을 가진 회사 내 여러 부서가 잘 협업하도록 하는 비즈니스 매니저Business Manager의 역할을 수행해야 한다.

가령 우리가 아마존AMAZON이나 구글Google 같은 글로벌 기업과 미팅을 하고 나서 '야, 참 대단한 회사다'라고 생각한다면 그것은 무엇 때문이겠는가? 우리가 몇십만 명이나 되는 그 회사의 사람들을 모두 만난 것도 아니고, 그렇다고 그 회사의 모든 사무실을 둘러본 것도 아닐 것이다. 우리와 미팅한 몇 명의 사람을 보고 그렇게 판단을 내리는 것이다. 우리의 거래처들도 우리를 볼 때 마찬가지로 생각할 것이다.

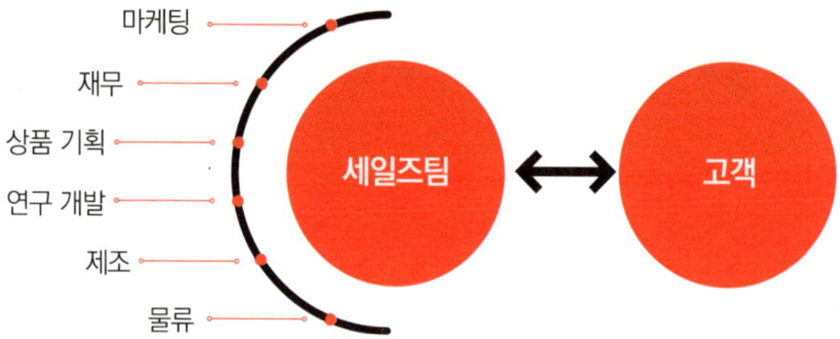

"당신 고객의 눈에는 당신이 당신 회사 그 자체이다. 마치 당신이 만나고 있는 그들이 그 회사인 것처럼! You are your company in the eyes of your customer, as your customer represent their companies to you!"

Recap

세일즈는 무엇인가?

세일즈의 발전과 전문성

- 세일즈는 과거 행상인의 영역에서 출발하여 찰스 호잇의 『과학적 판매 관리Scientific Sales Management』 출판(1913년) 등 역사적 과정을 거쳐 하버드와 카네기 멜론 같은 대학에서 연구되는 과학적이고 정교한 전문 직업으로 발전했다.

세일즈의 정의

- 세일즈는 단순히 물건을 팔아 돈을 버는 것이 아니라, "상호 간의 이익을 위해 가치를 정직하게 교환하는 것(Sales is an honest exchange of values for mutual benefit)"이다.
- 100원의 가치를 100원에 팔 때 구매자와 판매자 모두 만족하는 '윈윈(Win-Win)'이 달성되며, 이는 반복 구매, 장기적인 신뢰 관계, 그리고 제3자에게의 추천으로 이어지는 성공적인 세일즈의 핵심이다.
- 판매자와 구매자는 동등한 위치에 있으며, 세일즈는 회사에 돈을 벌어들이는 유일한 단계이므로 가장 중요한 인적 자산이다.

복합 세일즈(Complex Sales)와 구매 센터(Buying Center)

- 기업 대 기업(B2B) 거래에서 흔히 발생하는 '복합 세일즈'는 최종 구매 설정에 복수의 사람들이 승인하거나 의견을 제시해야 하는 판매

를 의미하며, 개인 판매보다 훨씬 복잡하다.

- 구매 프로세스에 참여하는 사람들의 집단을 '구매 센터(Buying Center)' 라고 한다. 구매 센터 구성원은 구매 의사 결정자(Decision Maker), 최초 제안자(Initiator), 평가자(Evaluator), 사용자(User), 인플루언서(Influencer), 멘토(Mentor) 등 6가지 주요 역할이 있다. 구매 의사 결정자가 최종 결정권을 가지며 가장 결정적인 역할을 한다.

개인적 성취(Personal Win)와 사업적 성과(Business Results)

- 구매 결정은 단순히 회사의 사업 목표 달성(사업적 성과)뿐만 아니라, 구매 프로세스에 참여하는 개인들의 관심사(개인적 성취)도 함께 고려될 때 성공 확률이 높아진다.
- 개인적 성취는 파악하기 어렵지만, 부서 내 포지션 강화, 승진, 지인 돕기 등 다양하며 이를 만족시키는 솔루션 제공이 중요하다.

고객과의 신뢰: Under Promise, Over Deliver

- 세일즈의 기본은 신뢰이며, 이는 약속을 정확히 지키는 데서 온다. 고객의 과도한 요구에는 섣불리 약속하지 말고 '부족하게 약속하고(Under Promise), 더 나은 성과를 보여주는(Over Deliver)' 원칙을 따라야 고객 만족과 신뢰를 쌓을 수 있다.

세일즈맨의 역할

- 세일즈맨은 단순히 제품 판매를 넘어, 고객 요구 충족을 위해 상품 기획, 판매 물량 예측, 마케팅 협업, 시장 분석 및 신제품 성공 가능성 판단 등 다양한 내부 부서와 긴밀하게 협력해야 한다.

- 궁극적으로 세일즈맨은 고객 미팅을 주재하는 '비즈니스 매니저'로서, 오케스트라의 지휘자처럼 회사 내 다양한 부서를 협업하도록 이끄는 역할을 수행하며, 고객의 눈에는 세일즈맨이 곧 회사 그 자체이다.

Keywords

세일즈(Sales) ——— 물건이나 서비스를 판매하는 행위로, 이 책에서는 '상호 간의 이익을 위한 가치의 정직한 교환'으로 정의되는 전문 직업 영역이다.

과학적 판매 관리(Scientific Sales Management) ——— 1913년 찰스 호잇(Charles W. Hoyt)에 의해 출판된 책의 제목으로, 세일즈를 체계화하고 과학적인 기법을 적용하려는 노력을 의미한다.

가치의 정직한 교환(Honest Exchange of Values) ——— 판매자와 구매자가 동등한 가치를 주고받음으로써 상호 이익(Mutual Benefit)을 얻는 세일즈의 본질적인 개념이다.

윈윈(Win-Win) ——— 거래 당사자 모두가 만족하고 이익을 얻는 상황으로, 세일즈에서 장기적인 신뢰 관계의 기반이 된다.

복합 세일즈(Complex Sales) ——— 최종 구매 의사 결정이 내려지기 위해 복수의 사람들이 구매를 승인하거나 의견을 제시해야 비로소 판매가 실행되는 세일즈이다. 주로 B2B 거래에서 나타난다.

구매 센터(Buying Center) ——— 복합 세일즈에서 제품이나 서비스를 구매하는 프로세스에 참여하는 사람들의 집단이다.

구매 의사 결정자(Decision Maker/Economic Buyer) ——— 구매 프로세스에서 최종 결정권을 가지며 예산 전용 권한이 있는 사람이다.

최초 제안자(Initiator) ——— 특정 제품이나 서비스의 구매 필요성을 최초로 제기하는 사람이다.

평가자(Evaluator) ——— 회사가 필요로 하는 제품의 사양을 기준으로 납품업체를 선별하며, 최종 탈락 결정 권한을 가질 수 있는 사람이다.

사용자(User) ——— 구매된 제품이나 서비스를 실제로 사용할 사람이다.

인플루언서(Influencer) ——— 구매 프로세스에 직접 관여하지 않지만, 자신의 의견을 제시하여 구매 결정에 영향을 미치는 사람이다.

멘토(Mentor) ——— 판매자의 성공에 관심을 가지고 판매에 필요한 정보나 가이드를 제공해 주는 코치 역할의 사람이다.

개인적 성취(Personal Win) ——— 구매 센터에 속한 개인들이 구매 의사 결정 관련하여 가지는 개개인의 사적인 관심사나 목표(Self-Interest)이다.

사업적 성과(Business Results) ——— 구매 행위가 회사의 비즈니스에 미치는 논리적이고 객관적인 이점이나 영향이다.

Under Promise, Over Deliver ——— 고객에게 섣불리 과도한 약속을 하지 않고, 약속한 것보다 더 나은 성과를 보여줌으로써 고객의 만족과 신뢰를 얻는 전략이다.

SCM(Supply Chain Management) ——— 공급망 관리로, 제품의 생산부터 유통, 판매까지 전 과정을 효율적으로 관리하는 시스템이다. 이 책에서는 판매 물량 예측의 중요성을 보여주는 개념으로 언급된다.

MWC(Mobile World Congress) ——— 스페인 바르셀로나에서 매년 개최되는 세계 최대 이동통신 전시회이다.

PART 3

고객

인간 행동의 이해
Understanding of Human Behavior

세일즈를 이야기하면서 '인간 행동의 이해'라는 주제를 꺼내면 다소 생뚱맞다고 생각하는 사람도 있을 것이다. 그렇다면 세일즈를 하는 사람들은 왜 인간의 행동에 대해 공부해야 하는가?

나는 앞서 삼성전자의 세일즈가 회사 대 회사의 세일즈라고 이야기해 왔다. 하지만 이 말은 좀 더 곱씹어 볼 필요가 있다.

《HBRHarvard Business Review, 하버드 비즈니스 리뷰》의 「Major Sales」라는 논문에 이 질문에 대한 답이 있다. "기업이 구매하는 것이 아니다. 바로 사람이 구매한다Companies don't buy, people do"가 그것이다.

'삼성전자'가 'SK텔레콤'에 휴대폰을 백만 대 납품하기로 계약했다고 한다면, 우리는 쉽게 '회사삼성전자'가 '회사SK텔레콤'에게 팔았다고 생각한다. 하지만 실은 삼성전자의 '세일즈팀'이 SK텔레콤의 '구매팀'에게 물건을 팔았다는 의미이며, 세일즈팀과 구매팀은 각각 사람들의 집단이다

Harvard Business Review

www.hbrreprints.org

BEST OF HBR

Identifying the decision makers and their purchasing motives often requires a psychologist's eye.

Major Sales

Who *Really* Does the Buying?

by Thomas V. Bonoma

이 때문에 《HBR》의 논문에 의하면 "매우 정교하게 계획되고 잘 실행된 세일즈 전략도 이를 실행하는 사람들이 판매와 구매에 있어 인간의 심리적 측면의 중요성을 간과하는 일이 있기 때문에 종종 실패하곤 한다"라고 기술하고 있다.

판매 혹은 구매라는 것이 논리적인 것처럼 보이지만 사실은 굉장히 감성적으로 결정되는 일이 많다. 따라서 사람의 행동 방식을 이해하는 것은 세일즈에서도 매우 중요하다.

셀프 이미지의 힘
Self-Image

첫 번째로 이야기하고 싶은 부분은 세일즈맨이 어떤 이미지를 가지고 있느냐가 세일즈에 굉장히 도움을 준다는 것이다. '셀프 이미지'라는 것이 어떠한 의미를 갖는지 알아보도록 하자.

세일즈라고 하는 일은 상당히 스트레스가 많고, 감정적으로 압박을 많이 받는 일이다. 그렇기 때문에 충분히 교육을 받아 자신감을 갖추지 못하면 대부분의 세일즈 인력들은 불안에 떠는 일이 많다.

'오더Order를 못 받으면 어떡하나', '저 고객이 날 싫어하면 어떡하나', 혹은 '내 프레젠테이션이 잘 안 먹히면 어떻게 하나' 등의 생각을 많이 하게 된다. 물론 이는 세일즈 초보자로서 자연스러운 것이다.

하지만 그런 생각을 하는 순간 세일즈는 더욱 안 되기 시작한다. 반대로 우리가 긍정적인 사고를 하기 시작하면 그 순간부터 실제로 많은 일이 잘 풀리기 시작하는 경험을 한둘은 가지고 있을 것이다.

긍정적인 셀프 이미지의 힘은 엄청나다. 하다못해 어린 아이들이 동네에서 싸움을 할 때도 '나중에 내 형이 다 혼내 줄 거다'라는 믿음이 있는 아이와 없는 아이는 상황 자체가 완전히 다르다.

많은 심리학자가 이 셀프 이미지의 중요성에 관해 연구하며 다양한 논문을 발표했다. 여기에 기반하여 많은 세일즈 이론이 탄생했고, 긍정적인 셀프 이미지는 훈련을 통해서 키워질 수 있다는 점이 알려지게 되었다.

TV 토론 같은 프로그램에서 패널로 나와 이야기하는 사람들을 볼 때, 정말로 자신감을 가지고 설득력 있게 이야기하는 사람을 볼 때도 있고 뭔가 쭈뼛쭈뼛하고 자신감 없어 보이는 사람을 볼 때도 있다.

물론 타고난 경우도 있긴 하겠지만, 대다수의 달변가는

수많은 훈련의 결과로 그렇게 되었다고 보면 거의 틀림없다. 양궁 국가대표 선수들이 결정적인 마지막 한 발을 쏘기 직전이나 축구 선수가 패널티킥을 차기 직전, 긴장감을 이겨내고 성공시키는 것 역시 긍정적인 셀프 이미지Self-Image를 갖기 위한 수많은 연습과 노력의 결과인 것이다.

겉보기에는 유치해 보이긴 하지만 보험회사 재무 설계사들이 아침마다 모여서 "나는 할 수 있다"라고 소리 치는 것들이 사실은 상당히 이론적인 배경을 뒤에 두고 있는 것이다.

이 이론의 재미있는 사례들 중 하나를 소개하자면 맥스웰 몰츠Maxwell Maltz 박사의 저서『Psycho-Cybernetics』의 연구 중 하나로, 실제 고등학교 농구선수들을 대상으로 한 '서보 메커니즘Servo-Mechanism' 실험이다.

이 실험에서 몰츠 박사는 농구 선수들을 세 그룹으로 나누어 첫 번째 그룹에는 한 달간 실제 슛 연습을 하게 하였고, 또 다른 그룹에는 한 달간 슛하는 모습을 상상하는 상상 훈련을 하게 하였다. 그리고 마지막 그룹에는 아무런 훈련을 실시하지 않았다.

한 달이 경과한 후 세 그룹의 향상도를 테스트하였는데 그 결과는 놀랍게도 실제 훈련을 한 그룹과 상상 훈련을 한 그

룹이 거의 비슷한 정도의 향상을 보인 것으로 나타났다. 아무런 훈련을 하지 않은 그룹은 전혀 향상된 부분이 없었다.

맥스웰 몰츠의 『Psycho-Cybernetics』는 인간의 '자기 이미지(Self-Image)'가 삶의 질과 성공에 얼마나 큰 영향을 미치는지를 설명하는 심리학 기반의 자기계발서이다. 국내에서는 '성공의 법칙'이라고 번역 소개되었다.
몰츠는 성형외과 의사로서 환자들의 외모 변화가 반드시 심리적 만족으로 이어지지 않는다는 점에서 이 책의 아이디어를 발전시켰다. 『Psycho-Cybernetics』는 1960년에 처음 출간되었는데, 당시로서는 매우 혁신적인 자기계발서였다. 이후 수십 년간 '자기 이미지'와 시각화 기법을 중심으로 한 심리학적 접근을 대중화하는 데 큰 역할을 했다.

이와 유사한 사례에 대한 이야기는 많이 있다. 월남전

에서 미군 장교, 조지 로버트 홀George Robert Hall 대령이 포로가 되어 7년 이상 감옥에서 생활하게 되었다. 아무것도 할 일이 없었던 이 포로는 매일같이 동네 골프클럽에서 18홀을 도는 상상을 하였고 머릿속으로 수많은 시뮬레이션을 했다고 한다.

실제로 그가 포로에서 풀려나 고향에 돌아오게 되었을 때, 그 골프클럽을 찾아가 골프를 쳐보니 깜짝 놀랄 만큼 자신이 상상한 그대로 경기가 되었다는 것이다. 이는 스포츠 훈련에서 자주 인용되는 사례이다.

내가 프레젠테이션을 준비할 때 팀원들에게 늘 했던 이야기 중 하나가 '절대로 부정적인 말, 단어, 톤을 사용하지 말라'였다. 사람이 부정적인 말을 사용하기 시작하는 순간 듣는 사람과 본인까지 모두 부정적으로 바뀐다.

예를 들어 '우리의 시장 점유율이 15%밖에 안 됩니다'와 '15%나 됩니다'는 엄청난 차이가 있다. 자신감을 가지고 '된다'고 믿으면 실제로 될 확률이 높아지고, 안 될 것 같다고 생각하면 생각대로 부정적인 결과가 나타나기 마련이다.

내가 삼성전자 무선사업부 전략 마케팅 팀장에서 북미

사업총괄로 자리를 옮겨 미국에서 일하기 시작한 후 얼마 지나지 않아서 본사에서 한 통의 긴급 전화를 받았다. 유럽의 주요 통신사업자 중 하나가 최근에 네트워크Network를 업그레이드했더니 우리 휴대폰만이 작동을 안 한다는 것이다. 따라서 우리가 몇 년간 판매했던 휴대폰들을 다 회수해서 업그레이드를 해야 한다는 것이었다.

업그레이드 그 자체는 어려운 일은 아니지만 몇 년 동안 판매했던 휴대폰들을 다 회수한다는 것은 거의 불가능에 가까운 일이었다. 통신사업자가 시스템을 조금 바꾸면 우리 휴대폰이 돌아가는 데도 문제가 없을 터이지만 대신 경쟁사가 만든 네트워크를 수정해야 하는 문제가 있으므로, 결국 우리가 어마어마한 돈을 들여 수정해야 할 처지가 되었다.

본사에서는 대책팀을 만들고 수많은 사람들이 이 문제를 해결하려고 했으나 아무런 해결책을 찾지 못하고 있었다. 그래서 본사에서는 마지막으로 그 통신사업자의 구매담당 총부사장이 나와 오랫동안 비즈니스를 했으니 마지막으로 그 부사장을 한번 만나서 사정을 해 달라는 것이었다. 그래서 그 친구에게 한번 만나자는 메일을 보냈다.

그랬더니 지금 휴가 중이고 스키장에 있으며, 파리에서

비행기를 갈아탈 예정인데, 그때 1시간 정도 시간을 내줄 수 있다는 답신이 왔다. 그 길로 뉴욕에서 파리로 가는 비행기에 올랐는데 잠이 오질 않았다. 누가 봐도 뻔한 결과였다. 하지만 나는 뭔가 방법이 있을 것이라고 믿었다. 최대한 긍정적으로 상황을 이해하려고 노력했고, 긍정적인 톤으로 만나리라 마음을 다잡았다.

파리 드골 공항의 한 카페에서 그 친구를 기다리는데 스키복 차림으로 나타났다. "스키는 어땠나?"라는 일상적인 대화가 시작되었고 계속 딴 이야기들만 했다. 같이 동석했던 C 상무는 안절부절못하는 눈치였다. 그러다가 마지막 15분쯤을 남겨 놓고 내가 그 친구의 눈을 딱 쳐다보며 말했다.

"너는 내가 여기 왜 왔는지 알고 있을 것이다. 문제와 답이 명확하지 않느냐, 네가 고치든지 내가 고치든지 둘 중의 하나인데, 네가 결정해라."

그 친구는 내 이야기를 들으며 씩 웃더니 5분만 달라고 하면서 일어서서 전화하기 시작했다. 그러고는 10분 후쯤 나타나 "우리가 고치기로 했으니 해결된 거지? 나 이제 가도 되냐?"라고 하고 헤어졌다.

그때 내가 안 될 것이라고 생각하고 지레 짐작하고 부정적인 톤으로 '이제 우리 죽게 생겼으니 도와 달라'는 태도로 미팅을 했다면 결과는 십중팔구 부정적으로 나왔을 것이다.

결론적으로 요약하자면 어떤 결과를 만드는 것은 우리의 생각이다. 여러분이 이제까지 생각해 온 것의 총합이 지금 당신의 모습이고, 당신이 지금부터 생각해 가는 것이 결국 당신의 미래 모습이 될 것이다.

현재의 당신은 당신이
생각해 온 대로이다…

You are what you have thought about...

You become what you think about...

따라서, 당신은 앞으로 당신이
생각하는 대로 될 것이다…

사회적 행동 스타일
Social Behavior Style

사람은 누구나 구매를 결정할 때 자신이 사고 싶은 방식대로 구매한다. 할인매장에서 얼마 안 하는 물건을 하나 구입하더라도 자기가 원하는 방식이 아닌 점원 멋대로 나를 대하면 짜증이 나기 마련이다.

기업 간의 거래도 마찬가지이다. 우리는 고객이 원하는 방식대로 제품을 팔아야지, 우리가 원하는 방식을 고객에게 강요해서는 안 된다. "고객이 구매하고자 하는 방식으로 팔아라! Sell the customer the way he would like to be sold!"는 세일즈에 있어서 고전적 문구 중 하나이다.

모든 사람은 각각 독특한 스타일을 가지고 있다. 하지만 많은 세일즈맨이 이 점을 간과한 채 모든 사람들에게 똑같은 방식으로 판매하려 하다가 실패하는 경우가 종종 있다. '과거 어떤 고객에게 어떤 식으로 판매했더니 잘 먹혔다'라는 기억 때문에, 다른 고객을 만날 때도 같은 방식으로 하면 성공할 수 있다고 착각해 실수를 범하게 된다.

그렇다면 수많은 사람들을 어떤 식으로 분류할 수 있을까? 여기에는 수많은 논문과 방법론이 존재하지만, 세일즈 분야에 있어 가장 많이 사용되고 있는 이론은 데이비드 메릴 David W. Merril과 로저 리드Roger H. Reid의 저서『Personal Styles & Effective Performance』에 근거한 '사회적 행동 스타일Social Behavioral Style' 분류이다.

사람의 행동학을 연구하는 사람들은 인간 행동의 특성을 정의한 다음, 그 각각을 조합하여 독특한 행동 스타일을 설명하고 있다. 그중 특히 사회적 행동 스타일 특성은 다음과 같다.

- 독자적 결단성Assertiveness: 본인의 생각과 주장이 얼마나 확고한가?
- 사회적 반응성Responsiveness: 타인이나 외부에 얼마나 정서적으로 반응하는가?

『Personal Styles & Effective Performance』의 저자인 데이비드 메릴과 로저 리드는 산업 심리학자이다.
1970~1980년대 미국 기업에서 성과 중심의 커뮤니케이션이 강조되던 시기, 많은 조직이 팀 내 갈등과 협업 문제로 어려움을 겪었다. 메릴과 리드는 이러한 문제를 해결하기 위해, 사람들이 서로 다른 행동 스타일을 가지고 있다는 점에 주목했다. 그들은 수많은 워크숍과 현장 경험을 통해 행동 스타일을 진단하고 조율하는 방법이 조직 성과에 긍정적인 영향을 준다는 사실을 발견했고, 이를 체계화하여 1981년에 이 책을 출판했다.

독자적 결단성이 높은 사람은 대체로 야망Ambitious이 있고, 사람들과 말을 많이 하는 편이며, 결정이 빠르고 행동도 대범하다. 책임감도 강하며, 리스크도 감내하는 경향이 많다.

반면에 독자적 결단성이 낮은 사람은 가능하면 부딪치지 않고 '이지 고잉Easy-going'하는 경향이 강하다. 자기 의견을 말하고 내세우기보다는 질문을 많이 하고 다른 사람의 이야기를 듣는 것을 즐겨한다. 다소 수동적이며, 의사 결정이 느리고 리스크를 회피하는 경향이 있다.

사회적 반응성이 높은 사람은 자신의 취향대로 행동하는 경향이 있으며, 캐주얼Casual하고 재미난 것을 좋아한다. 상당히 감성적이고, 사람들을 좋아하며, 즉흥적인 면이 많다.

반면 사회적 반응성이 낮은 사람은 독립적이며, 감정을 잘 컨트롤한다. 사실Fact 중심으로 토론하며, 격식을 차리는 편이다. 또한 다소 보수적이며, 정확한 것을 선호하고, 의사 결정에 있어 상당히 이성적이다.

이러한 특징을 가지는 독자적 결단성과 사회적 반응성을 두 축으로 하여 사사분면으로 분석하면, 각각 그 성향이 얼마나 강한가에 따라서 다음과 같은 네 가지 사회적 행동 스타일을 얻을 수 있다.

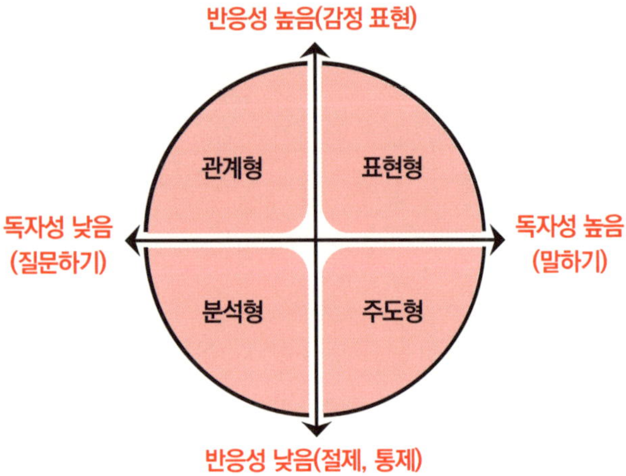

위에서 나타난 네 가지 스타일의 일반적인 특징은 다음과 같다.

주도형	특징	결정하는, 요구하는, 철저한, 지배적인, 단호한, 심각한, 공격적인, 효율적인, 사실과 원칙에 근거하는. 극단적인 상황에서 독단적으로 결정하는 경향
	강약점	효율적인 문제 해결자. 단 주변 사람들은 압박감 받음
	보완할 점	경청하기, 다른 사람에게 개인적 관심사 표현하기
표현형	특징	개성 있는, 열정적인, 분위기 띄우는, 극적인, 사교적, 흥분하는, 촉진하는, 규율이 느슨한. 극단적인 상황에서 다른 사람을 공격하는 경향

	강약점	다른 사람 설득에 강하나, 분석하기 전에 말하는 경향이 있음
	보완할 점	디테일을 점검하고 침착할 필요 있음
관계형	특징	반응적인, 편하게 지내는, 수용적인, 방어적인, 준수하는, 지지적인, 존중하는, 동의하는, 감성적인. 극단적인 상황에서 회피자가 되는 경향
	강약점	관계 형성에 강점이 있음. 서로 연결해 주는 '접착제' 같은 역할을 함
	보완할 점	자신의 의견과 목소리를 내기
분석형	특징	부지런한, 인내하는, 진중한, 성확한, 철저한, 비판적인, 질서 있는, 결정을 잘 못하는, 비인격적인, 독립적인. 극단적인 상황에서는 동조자가 되는 경향
	강약점	상황 파악에 강하나, 결정은 느림
	보완할 점	제시간에 좀 더 단호하게 결정 내릴 필요 있음

나는 삼성전자에서 30여 년간 생활하면서 수많은 사람을 만나왔다. 많은 상사를 모시고 일했으며, 많은 고객과도 관계를 맺었다. 사람들은 이따금 나에게 와서 묻기를 그렇게 까다로운 상사들과 잘 지내는 비결이 무엇이냐고 궁금해한다.

생각해 보면 내가 딱히 대인 관계에 재주가 있는 것도 아니었지만 이와 같은 사람들의 유형별 분류에 대해 남들보다 먼저 알 수 있는 기회가 있었다. 그 유형별 특징에 맞춰 내 방식대로가 아닌 상대방 중심으로 행동했기 때문에 나타난 결과가 아닐까 싶다.

사실 사람의 행동 스타일을 이해하는 것은 세일즈 분야에서만 필요한 스킬이 아니다. 우리가 살아가는 매일매일이 사람들과 관계 속에서 이루어짐을 생각할 때, 회사나 친구들 간의 관계나, 심지어 가족 간의 관계에 있어서도 매우 유용하다. 나 역시 회사생활을 비교적 잘해 올 수 있었던 이유 중 하나가 이 때문이라고 생각한다.

물론 모든 사람이 명확하게 위의 4가지 유형으로 분류되는 것은 아니다. 각 유형별로 그 성향이 좀 더 강한 사람도 있고 반면에 여러 가지 복합적인 성향을 함께 지닌 사람도 있다. 하지만 여러 가지 성향을 복합적으로 가지고 있다 하더라도 그중에 가장 두드러진 특징이 있기 마련이며, 이 경우 이 특징에 맞추어 행동하면 크게 무리가 없다.

이러한 행동 스타일에 있어 명심해야 할 것은, 이 중에서 어떤 스타일이 좋고 어떤 스타일이 나쁘다 등의 상대적인 평가는 존재하지 않다는 것이다. 모든 스타일은 그 자체로 고유하고 서로 다른 특징을 가지고 있으며 각각의 장단점이 있다.

주도형Driving이 가지고 있지 못한 장점을 관계형Amiable이 가지고 있고, 분석형Analytical이 가지고 있는 강점을 표현형Expressive은 가지고 있지 않을 수 있는 것이다.

또한 이 분석은 고객의 행동 패턴을 이해함으로써, 판매 가능성을 극대화하는 데 있지만, 인간의 복잡성을 지나치게 단순화하지 않도록 주의하는 것이 좋다. 나아가, MBTI나 디스크DISC, 애니어그램ENNEAGRAM 등 다른 성격 검사 도구와 결합해 사용하면 더욱 효과적일 수 있다.

이러한 행동 스타일이 실제 우리 생활 속에서 어떻게 적용될 수 있는지 생각해 보자. 가령 주도형에 속하는 상사를 모시고 있는 경우를 생각해 보자. 주도형 스타일은 신속하게 결정을 내리고 추진하는 장점이 있다. 이런 사람에게 보고를 하려면 바로 본론으로 들어가는 것이 좋다.

"주말을 어떻게 보냈냐", "헤어스타일이 바뀌었다", 혹은 "안색이 별로 안 좋아 보인다" 등의 스몰 토크Small Talk로 시간을 끌다 보면 십중팔구 보고받는 사람은 답답해 할 것이고, 때로는 짜증을 낼 것이다. 그 보고가 잘 끝나지 않을 것이라는 것은 말할 필요도 없다.

또한 주도형에 속하는 사람들에게는 반드시 결정은 그

사람이 하도록 해야 한다. 결론을 미리 내서 그 사람에게 보고하는 것은 나의 결정이 타당한 결정이라 하더라도 좋은 피드백을 기대하기 어렵다.

반대로 스몰 토크나 그 외 관계 형성을 위한 여러 가지 활동은 관계형과의 미팅에서는 매우 중요하다.

내 스스로 생각하기에도 그렇고, 남들이 나에 대해 내리는 평가도 그러하고 나는 전형적인 '분석형'에 속하는 사람이다. 결정을 내리기 전에 정확한 근거 데이터가 반드시 필요하고, 정보가 많으면 많을수록 좋다. 시간 약속을 했으면 반드시 지켜야 한다.

나와 같이 일해 본 사람들은 잘 알겠지만 가끔 누가 몇 시에 보고하러 오겠다고 시간을 잡아 놓고 정해진 시간보다 훨씬 늦게 나타나서는 "아마 그런 것 같습니다. 저런 거 아닐까요" 등등의 정확하지 않은 이야기를 장황하게 늘어 놓으면 나에게 싫은 소리만 잔뜩 듣고 돌아가기 일쑤다.

분석적인 사람들은 결정을 내리는 데 매우 신중하기 때문에 동시에 이점이 단점이 되기도 한다. 나 같은 상사와 함께 일하는 사람들은 의사 결정이 늦어서 답답했던 경험을 가지고 있을 것이다.

여러분이 회사생활을 잘하고 싶다면, 지금 같이 일하고 있는 상사가 어떤 타입인지를 한번 생각해 보라. 그러면 어떻게 그들을 대해야 하는지 금방 답이 나올 것이다.

내가 상사로 모셨던 분들 중에는 주도형도 있었고, 또한 표현형도 있었다. 그런데 많은 임원이 그 사람들께 보고를 드리면서 쩔쩔매는 모습을 옆에서 많이 보았다.

예컨대 주도형 상사에게 수십 장의 보고서를 준비해 가서 프레젠테이션을 하면 보고를 받는 입장에서는 차분하게 듣는 것이 아니라 보고서를 빠르게 넘기면서 결론을 먼저 찾으려고 한다. 처음부터 결론에 들어가야 하는데 장황하게 서론을 설명하고 있으니 짜증이 날 수밖에 없는 것이다.

반면, 표현형 상사에게 보고할 때에는 그가 관심 있고 좋아할 만한 이야기 한두 개 정도 준비해 가는 것도 좋은 팁이다. 표현형인 사람은 본인이 관심 있거나 새로운 주제에 대해서는 관심을 보이지만, 본인이 관심이 없거나 이미 알고 있는 내용을 이야기하기 시작하면 벌써 시선이 다른 쪽으로 돌아가기 시작한다.

어떻게 하면 이 사람의 관심을 지속적으로 끌 수 있을까 고민하는 것이 필요하다. 이런 기본적 내용만 숙지하고 있어도 회사생활은 훨씬 수월해질 수 있다.

상사에게 보고하는 것뿐 아니라 세일즈도 마찬가지이다. 내가 상대하는 고객이 어떤 사람인지를 먼저 파악하고, 그 사람의 스타일에 맞춰서 이야기하며 행동할 줄 알아야 한다. 그러면 내가 하고자 하는 메시지가 훨씬 더 잘 전달될 수 있고, 나를 훨씬 더 좋은 비즈니스 파트너로서 포지셔닝 시킬 수 있다.

행동 스타일에 따른 세일즈!

각 행동 스타일별 고객에게 어떻게 팔아야 하는가는 다음과 같이 주도형, 표현형, 관계형, 분석형 등 네 가지로 정리할 수 있다.

무엇보다 주도형 고객에게는, 본론으로 빨리 들어가고, 최종 결정을 고객이 하도록 기다려 주는 것이 좋다. 섣불리 전문가라고 하며, "제가 생각하기에는…" 등의 간섭은 안 하길 권한다.

주도형

- 시간을 효율적으로 쓰는 것을 좋아함
- 빠르게 본론으로 들어가는 것이 좋음

- 라포 형성을 위해 너무 긴 스몰 토크를 하지 않도록 유의
- 설명의 순서: '무엇을 어떻게 누가 왜'
- 주도형 고객이 스스로 행동하고 스스로 결론을 내리도록 지원
- 최종 결정은 반드시 주도형 고객이 내리도록 함
- 성과, 결과, 과제 중심적으로 대응

표현형 고객에게는, 고객의 관심사에 대해 새로운 뉴스를 가지고 충분히 서로 나누고 나서 제품 얘기를 하되, 고객이 제품에 대해 관심을 가질만한 연결 고리 스토리를 잘 만들어서 공유하는 것이 좋겠다. 자칫 고객이 내가 하는 이야기를 지루해할 수 있다는 점을 늘 유념하길 권한다.

표현형

- 사전에 분위기 띄우는 데 시간을 활용하는 것을 선호함
- 설명의 순서: '누가 왜 무엇을 어떻게'
- 고객의 포부나 직관을 지지하는 것이 좋음
- 유연하게 즉석에서 물 흐르듯이 대응
- 고객의 관심을 잃지 않도록 유의

관계형 고객에게는, 충분히 친해질 때까지 제품 얘기를 하지 않는 것이 좋다. 또한, 고객에게 밀어붙이기보다는 스스로 생각해서 구매를 추진하도록 충분히 기다려 주길 권한다. 과거의 다른 고객이 거래에서 까다로웠던 얘기 등은 하지 않아야 한다.

관계형

- 서로 합의하고 동의하는 데 시간을 사용하는 것을 좋아함
- 설명의 순서: '왜 누가 어떻게 무엇을'
- 맞장구를 치며 동의하는 것이 좋음
- 반대되는 상황을 피하고, 다른 사람에 관한 불평을 말하지 않도록 함
- 여유롭고 친절하게 대응
- 서로 개인의 관심사를 보여 주는 것도 좋음

분석형 고객에게는 충분한 데이터를 제공하는 것이 우선이다. 기술적인 근거 자료, 각종 테스트 근거 자료, 다른 고객들의 케이스 스터디 등을 같이 제시하는 것이다. 고객이 제품과 서비스에 대해 우려를 표명할 경우, "그런 걱정할 필요 없다"라고 무시하듯이 말하기보다는 그 우려를 존중하고, 그 염려를 없앨 수 있는 충분한 근거 자료를 제공하

는 것이 좋다.

분석형

- 정확하게 확인하는 데 시간 사용하는 것을 좋아함
- 설명의 순서: '어떻게 무엇을 왜 누가'
- 충분한 데이터와 근거를 준비하는 것이 좋음
- 고객이 요청하는 근거 데이터를 지원하기
- 구체적이고 정확하게. 명료하지 않은 것을 피하도록 함
- 분석형 고객은 늘 더 많은 정보를 요청하며 최종 구매 결정을 주저함

눈인가
귀인가?

행동 스타일에 덧붙여서 한 가지 더 이야기하고 싶은 것은, 사람에 따라 정보를 받아들이는 방식이 다르다는 것이다. 어떤 사람은 주로 눈으로 정보를 받아들이는가 하면 또 어떤 사람은 주로 귀로 정보를 받아들인다. 각각의 경우에 그 사람과 커뮤니케이션하는 방식은 완전히 달라진다.

미국의 케네디John. F Kennedy 대통령은 전형적으로 눈으로 정보를 획득하는 사람이었다고 한다. 실제로 700페이지나 되는 보고서를 하룻밤 사이에 다 읽고 다음날 아침에 명쾌하게 결론을 내었다는 일화도 있다.

그런데 케네디 대통령이 갑자기 세상을 떠난 후, 당시 부통령이었던 존슨Johnson이 대통령직을 대신 수행하게 되었는

데, 갑자기 바뀐 대통령 때문에 백악관 참모들이 많이 고생했다고 한다.

그 이유 중의 하나가 두 대통령이 보고받는 스타일이 너무나 상이했기 때문이었다. 케네디 대통령과 달리 존슨 대통령은 귀로 정보를 습득하는 사람이어서, 보고서를 드리는 방식으로 보고했던 사람들이 구두로 보고하는 것은 또 다른 어려움이었던 것이다.

내가 앞서 언급한 두 분의 상사 중 주도형은 눈으로 정보를 습득하는 분이셨다. 그분께 뭔가를 협의하러 갈 때는 반드시 잘 준비된 보고서를 가지고 가야 한다. 그러면 분량이 얼마이건 간에 자신이 자료를 보며 금방 핵심을 꿰뚫어 보고 상황을 판단했다.

반면에 표현형 상사는 귀로 정보를 습득하는 분이셨다. 보고서를 잘 준비해 가더라도 보고서를 읽기보다는 "무슨 일인지 말로 설명해 봐"라고 하시기 때문에, 조리 있게 말을 잘 못하고 쭈뼛쭈뼛하다가 한 소리 듣기 마련이었다.

그분은 회의 중에도 뭔가를 확인해야 하는 상황이 생기면 바로 전화기를 들어 담당자와 통화하는데, 아무리 복잡한 내용이어도 전화 한 통이면 모든 상황이 정리되었다. 통화의 내용뿐 아니라 말하는 사람의 어투나 목소리 크기, 자신감 등을 종합하여 상황을 판단하는 놀라운 능력을 가지고 있었다.

지금 여러분은, 자신의 상사가 어떤 스타일인지 한번 생각해 보라. 그리고 상사의 스타일에 맞춰 보고나 미팅을 준비한다면 한결 쉬워질 것이다.

결론적으로 이야기하자면, 모든 사람들은 자기가 원하는 방식대로 물건을 사고 싶어 한다. 그렇기 때문에 세일즈를 잘하기 위해서는 고객이 어떤 스타일의 사람이며, 그 스타일의 특징은 무엇이고 어떻게 접근하는 것이 효과적인가를 공부하는 것이 매우 중요하다.

똑같은 방법으로, 똑같은 기술로 장사를 할 수 있다고 생각해서는 절대 안 된다. 그것이 크게 실패하는 이유 중의 하나라는 것을 분명히 알아야 할 것이다.

Recap

고객에 대한 이해

세일즈를 잘하기 위해서는 고객이 어떤 스타일의 사람인지 파악하고, 그 스타일의 특징에 맞춰 효과적으로 접근하는 것이 매우 중요하다. 똑같은 방법이나 기술로 모든 사람에게 장사할 수 있다는 생각은 실패의 원인이 될 수 있다.

인간 행동의 이해(Understanding of Human Behavior)

- 세일즈는 회사 대 회사의 거래처럼 보이지만, 실제로는 사람 대 사람의 거래이다. 《HBR》의 「Major Sales」 논문은 "기업이 구매하는 것이 아니다. 바로 사람이 구매한다(Companies don't buy, people do)"라고 언급한다.
- 아무리 정교한 세일즈 전략도 인간의 심리적 측면을 간과하면 실패할 수 있다. 판매와 구매는 논리적으로 보이지만 감성적으로 결정되는 일이 많으므로, 사람의 행동 방식을 이해하는 것이 매우 중요하다.

셀프 이미지(Self-Image)

- 세일즈맨이 어떤 이미지를 가지고 있느냐가 세일즈에 큰 영향을 준다. 긍정적인 사고와 긍정적인 셀프 이미지의 힘은 엄청나다. 이는 많은 심리학자가 연구한 주제이며, 훈련을 통해 길러질 수 있다고 알려져 있다.

- 부정적인 말, 단어, 톤의 사용은 듣는 사람뿐만 아니라 말하는 본인까지 부정적으로 변화시키며, 이는 결과에도 영향을 미친다. 긍정적으로 믿고 행동하면 실제로 성공할 확률이 높아진다.

사회적 행동 스타일(Social Behavior Style)

- 사람은 누구나 자신이 사고 싶은 방식대로 구매하며, 고객에게 판매 방식이 강요되어서는 안 된다.
- 데이비드 메릴(David W. Merril)과 로저 리드(Roger H. Reid)의 『Personal Style & Effective Performance』에 근거한 '사회적 행동 스타일' 분류를 활용할 수 있다. 이 분류는 '독자적 결단성(Assertiveness, 자신의 생각과 주장이 얼마나 확고한가)'과 '사회적 반응성(Responsiveness, 타인이나 외부에 얼마나 정서적으로 반응하는가)'이라는 두 가지 특성을 축으로 한다.
- 이 두 축을 바탕으로 네 가지 사회적 행동 스타일이 분류되는데, 각 유형별 판매 방식은 다음과 같다.
    - 주도형(Driving): 효율적인 문제 해결자이나 독단적 경향이 있고, 주변에 압박감을 줄 수 있다. 판매 방식은 빠르게 본론으로 들어가고, 고객이 스스로 결론을 내리도록 지원하며, 최종 결정을 고객이 내리도록 기다리는 것이 적절하다. 성과, 결과, 과제 중심으로 대응하고 너무 긴 스몰 토크는 피하는 것이 좋다.
    - 표현형(Expressive): 다른 사람 설득에 강하지만 분석 전에 말부터 먼저 하는 경향이 있다. 판매 방식으로는 분위기를 띄우는 데 시간을 활용하고, 고객의 포부나 직관을 지지하는 것이 좋다. 유연하고

즉흥적으로 대응하며, 고객의 관심을 잃지 않도록 유의해야 한다.

  · 관계형(Amiable): 관계 형성에 강점이 있으나 극단적 상황에서 회피자가 되는 경향이다. 판매 방식은 충분히 친해질 때까지 제품 이야기를 하지 않고, 고객이 스스로 구매를 추진하도록 기다리는 것이다. 서로 합의하고 동의하는 데 시간을 사용하며, 개인의 관심사를 보여주는 것도 좋다.
  · 분석형(Analytical): 상황 파악에 강하나 결정이 느리다. 판매 방식은 충분한 데이터와 근거를 제공하고, 고객의 우려를 존중하며, 정보를 구체적이고 정확하게 제시하는 것이 좋다. 분석형 고객은 더 많은 정보를 요청하고 최종 구매 결정을 주저하는 경향이 있다.

- 이러한 스타일 분류는 회사생활, 친구 관계, 가족 관계 등 다양한 인간관계에서 유용하다. 어떤 스타일이 더 좋거나 나쁘다는 상대적 평가는 존재하지 않으며, 모든 스타일은 고유한 장단점을 가진다.
- MBTI, 디스크, 애니어그램 등 다른 성격 검사 도구와 결합하면 더욱 효과적일 수 있다.

정보 습득 방식(눈인가 귀인가?)

- 사람은 정보를 받아들이는 방식이 다르다. 어떤 사람은 주로 눈으로(시각적), 어떤 사람은 주로 귀로(청각적) 정보를 받아들인다.
- 예를 들어, 케네디 대통령은 눈으로 정보를 습득하여 방대한 보고서를 빠르게 파악했지만, 존슨 대통령은 귀로 정보를 습득하여 구두 보고를 선호했다.

Keywords

인간 행동의 이해(Understanding of Human Behavior) ——— 세일즈 과정에서 고객의 심리적, 감성적 측면을 파악하고 이에 맞춰 접근하는 능력이다.

셀프 이미지(Self-Image) ——— 개인이 스스로에 대해 가지고 있는 생각과 믿음, 인식이다. 세일즈에서는 긍정적인 자기 인식이 성과에 큰 영향을 미친다.

서보 메커니즘(Servo-Mechanism) ——— 특정 목표를 달성하기 위해 긍정적인 자기 암시나 상상 훈련을 통해 잠재의식을 활용하는 기법이다.

사회적 행동 스타일(Social Behavioral Style) ——— 사람들이 타인과 상호작용하고 결정을 내리는 방식의 고유한 패턴이다. 독자적 결단성(Assertiveness)과 사회적 반응성(Responsiveness)을 축으로 분류된다.

독자적 결단성(Assertiveness) ——— 자신의 생각과 주장을 얼마나 명확하고 확고하게 표현하는지의 정도이다.

사회적 반응성(Responsiveness) ——— 타인의 감정이나 외부 자극에 얼마나 정서적으로 반응하고 개방적인지의 정도이다.

주도형(Driving Style) ——— 독자적 결단성이 높고 사회적 반응성이 낮은 행동 스타일이다. 목표 지향적이고 효율적이며 결단력이 강하다.

표현형(Expressive Style) ――― 독자적 결단성이 높고 사회적 반응성이 높은 행동 스타일이다. 사교적이고 열정적이며 설득력이 뛰어나다.

관계형(Amiable Style) ――― 독자적 결단성이 낮고 사회적 반응성이 높은 행동 스타일이다. 협력적이고 수용적이며 관계 형성을 중시한다.

분석형(Analytical Style) ――― 독자적 결단성이 낮고 사회적 반응성이 낮은 행동 스타일이다. 신중하고 정확하며 논리적 근거를 중시한다.

정보 습득 방식(Information Acquisition Style) ――― 개인이 주로 정보를 받아들이는 방식이다. 시각적(눈으로 보는 것 선호) 또는 청각적(귀로 듣는 것 선호)으로 나뉜다.

라포(Rapport) ――― 상호 간에 신뢰와 이해를 바탕으로 형성되는 친밀한 관계이다. 특히 세일즈에서 고객과의 관계 형성에 중요하다.

스몰 토크(Small Talk) ――― 본격적인 대화에 앞서 가볍게 주고받는 일상적인 대화이다. 관계 형성(라포)에 활용될 수 있다.

세일즈 프로페셔널

PART 4

상황별
세일즈

세일즈 상황
Sales Situation

우리는 앞서 사람들은 모두 고유한 스타일이 있기 때문에 모든 사람에게 같은 방법으로 소구하기보다는 고객의 스타일에 따라 다르게 해야 효과적으로 판매할 수 있다는 것을 이야기하였다. 이번 PART에서는 우리가 판매하는 상황Sales Situation에 따라서도 다양한 접근 방법과 세일즈 기법이 있다는 점에 관해 이야기하고자 한다.

기본적으로 세일즈 상황을 결정하는 두 가지 요소는 고객Customer이 가지는 1) 세일즈 제안과 관련한 태도Offer Related Attitude와 2) 판매자와 관련된 기대Seller Related Expectation이다.

좀 더 풀어서 설명하자면, 세일즈 제안과 관련된 태도는 판매자의 제안이 구매하는 고객에게 줄 수 있는 가치Value에 관한 것이다. 이는 제품 자체가 줄 수 있는 문제 해결의 가치뿐만 아니라 판매 프로세스 전반에서 고객이 판매자로부터 기대하는 비물질적인 부가 가치Added Value를 모두 포함하는 개념이다.

가령 단순히 요청한 제품을 제공하는 데 그치는 저부가 가치Low Added Value의 경우도 있을 수 있고, 판매자가 구매자에게 다양한 정보는 물론이고, 적정한 조언이나 고객을 위해 최적의 해결책을 제공하여 더 큰 가치를 창출해 주는 고부가 가치High Added Value도 있을 수 있다.

판매자와 관련된 기대라 하면 구매자가 판매자에 대해서 가지는 신뢰와 믿음Loyalty의 정도이며, 판매자의 브랜드, 제품, 기술적 우위 등에 대한 인식을 의미한다.

고객이 큰 관심이 없고 판매자에게 큰 기대를 하지 않는다면, 보통은 단순 거래로 그친다. 그러나 이러한 기대가 높은 경우에는 반복 구매를 하게 되고 기대가 매우 높아져서 신뢰와 믿음을 가지면 단골 마인드까지 발전하게 된다.

이와 같은 제안 관련 태도와 판매자 관련 기대를 각각 세로축과 가로축으로 하여 도식화하면 다음과 같은 네 가지 경우의 세일즈 상황을 생각해 볼 수 있다.

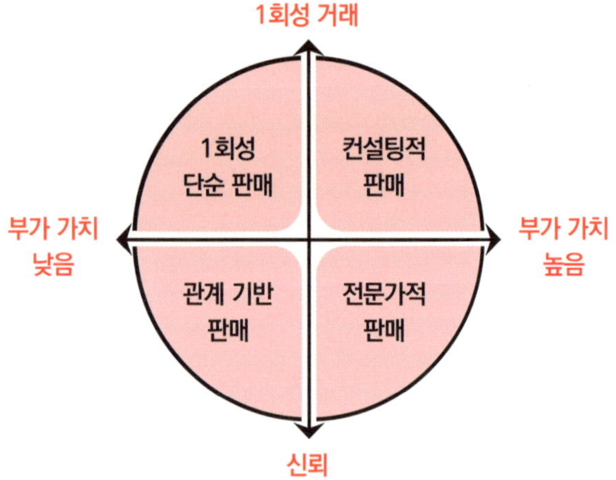

결론부터 이야기하면, 네 가지의 판매 유형Selling Type을 분석하는 이유는 어떤 판매 방식이 좋고, 어떤 판매 방식이 나쁘다는 것을 가려내려는 것이 아니라, 각기 다른 상황에 따라 세일즈의 접근법도 방법이 달라져야 한다는 것을 이야기하려는 데 있다.

1회성 단순 판매
Assertive Selling

먼저 1회성 단순 판매Assertive Selling에 대해 살펴보자. 1회성 단순 판매가 필요한 경우는 구매자와 판매자 간의 신뢰관계가 구축되어 있지 않거나 매우 낮은 상황이며, 구매하는 제품이나 구매자로부터 기대하는 부가 가치도 낮은 경우이다. 제품의 경우는 대부분이 구매자에게 맞춤화Customized되어 있지 않은 대량생산 상품Commodity이다.

예를 들어, 요즈음은 흔히 볼 수 없지만 20~30년 전만 하더라도 집집마다 돌아다니며 백과사전이나 카세트 라디오 등의 소형 가전제품 등을 판매하는 방문 판매가 유행이었는데 이런 방식도 대표적인 1회성 단순 판매 방식 중 하나이다.

1회성 단순 판매는 판매 그 자체가 목적이며 한 번 팔고 나면 다시 안 볼 경우가 많기 때문에 판매자가 다소 공격적으로 판매를 밀어붙이기도 한다. 또한 빠른 시간 내에 판매를 끝내기 위해서 다소 제품을 과대 포장하기도 한다.

만약 여러분들이 세일즈맨에 대해 어떤 부정적인 인식을 가지고 있다면, 이와 같은 상황을 경험했을 확률이 높다.

이와 같은 판매 방식은 오늘 날의 기업 간 B2B 거래나, 일반 B2C 거래에 있어서도 많이 해당되지 않는다. 많은 기업이 브랜드와 고객의 신뢰를 기반으로 한 재구매와 추천을 중요하게 생각하며, 구매하는 대부분의 고객 또한 오랫동안 전략적 비즈니스 파트너십을 유지하길 원한다.

그리고 특히 기업 간 거래에서 판매자가 제안하는 제품이 High-Tech IT 제품처럼 차별화된 고부가 가치 제품들인 경우는, 1회성 단순 판매 방식으로 접근하는 경우는 거의 없다.

하지만 삼성의 경우에도 1970~1980년대 흑백TV나 초창기의 컬러TV를 글로벌 시장에 판매하는 경우에는 이러한 세일즈 방식이 필요했다. 당시에는 브랜드 인지도나 브랜드 신뢰도Loyalty가 전무했고, 제품 자체도 소니Sony나 필립스 Phillips 등 선진 기업들의 제품을 그대로 따라한 미투Me-Too 제품 수준이었기 때문에, 판매의 목표는 '시장 진입 자체' 였다.

따라서 어떤 방법을 사용하건 우선 고객의 관심을 끈 후 공격적으로 제품을 끼워 넣는 판매 방식을 택할 수밖에 없었다.

흔하지는 않지만, 요즈음에도 1회성 단순 판매 방식으로 제품을 팔아야 하는 경우가 있긴 하다. 가령 경쟁사와 그다지 차별화되지 않은 대량생산된 모델들의 재고 처분을 위해서 간헐적으로 저가 중심의 유통 파트너와 단기적으로 Short-Run으로 거래를 하는 경우이다. 이 경우에는 단순하고 신속하게 판매하는 1회성 단순 판매 방식이 보다 효율적일 수 있다.

다만 어떤 경우이건, B2B 거래에서 우리의 고객은 모두 전문적으로 사업을 하고 있는 기업이기 때문에, 반드시 신뢰와 믿음이 바탕에 있어야 한다는 사실은 명심하여야 한다.

관계 기반 판매
Relational Selling

관계 기반 판매Relational Selling는 이미 구축되어 있는 고객과의 관계를 활용하는 세일즈 접근법이다. 이 경우에도 1회성 단순 판매Assertive Selling의 경우와 마찬가지로 제안하는 제품은 경쟁 제품과 크게 차별화되지 않으며, 구매자도 판매자에게 특별히 정보 제공이나 전문적인 조언 등 특별한 부가가치를 기대하지는 않는다. 이미 어느 정도의 관계가 구축되어 있기 때문에 지속적인 반복 판매 혹은 추가 판매가 주 목적이다.

예를 들자면 보험 영업에 있어 이미 특정 보험사의 자동차 보험에 가입한 고객에게 추가적으로 운전자 보험을 판매하는 등의 세일즈에 해당된다. 판매하는 상품은 큰 차이가 없으나 이미 형성된 관계 위에서 타사보다 쉽게 판매할 수 있다는 장점이 있다.

삼성전자의 경우에도 1990년대 초반까지는 관계 기반 판매를 했던 경우가 많다. 제품은 크게 차별성이 없으나, 유통업체와의 지속적인 거래를 통해 어느 정도의 신뢰 관계를 구축해 왔기 때문에 이를 기반으로 비즈니스를 조금씩 확대해 나가는 판매 전략을 펴 왔다.

관계 기반 판매에 있어 가장 중요한 요소는 어떻게 고객과의 관계를 잘 유지하고 나아가 더 발전된 관계로 전개해Steering 나가느냐는 것이다.

컨설팅적 판매
Consultative Selling

컨설팅적 판매Consultative Selling는 구매자가 판매자에게 있어 보다 많은 부가 가치를 기대한다는 점에서 앞서 설명한 두 가지 판매 접근법과는 큰 차이가 있다. 또한 많은 B2B 세일즈 교육 기관에서 주요 프로그램으로 다루고 있는 주제이기도 하다.

컨설팅적 판매의 경우, 판매 제안Offer의 특성이 반복적으로 이루어지기보다는 일회성, 혹은 프로젝트인 경우가 많고, 신규 거래처를 개척하는 데에 많이 사용된다는 점에서 뒤에 설명할 전문가적 판매Expertise Selling와 다소의 차이가 있다.

그러나 이 두 가지 판매 기법은 많은 공통점을 공유하고 있는 판매 기법이다. 컨설팅적 판매와 전문가적 판매의 가장 큰 공통점은 판매자 중심의 판매가 아닌 구매자 중심의 판매라는 점이다. 이 말의 뜻은 판매의 출발점이 고객이 처한 상황이나 혹은 고객의 니즈Needs가 무엇인가를 파악하는 것이라는 의미이다.

또한 판매를 제안하는 제품이나 서비스가 일반적인 대량생산 상품Commodity이 아닌 차별화되고, 고객 맞춤형으로 특화된 제품과 서비스라는 점도 특징이다.

컨설팅적 판매를 쉽게 이해하려면 맥킨지 같은 컨설팅 회사가 어떤 식으로 고객사에게 접근하는지를 떠올리면 된다.

먼저 판매자가 전문가 집단이라는 것이라는 점을 기반으로 고객의 신뢰를 획득하고, 고객사가 처한 상황에 대한 면밀한 분석을 실시한다. 그런 다음 상황분석 결과를 토대로 고객사가 가지고 있는 문제점이 무엇인지를 규명하고 그것을 해결할 수 있는 해결 방안Solution을 소개, 데모Demonstration하는 것이 전형적인 컨설팅적 판매 프로세스이다.

이는 닐 래캄Neil Rackham의 베스트셀러인 『스핀 셀링SPIN Selling』에 소개된 판매 기법과도 매우 유사하다.

컨설팅적 판매는 삼성전자 같은 대기업은 물론이고 다

양한 기업이 여러 가지 판매 상황에 활용할 수 있다. 특히 거래처를 신규 개척하는 데 있어서는 매우 유용한 기법이다. 컨설팅적 판매에 대해서는 많은 책이 이미 나와 있기 때문에 관심이 있는 사람들은 한 번씩 읽어 보기를 바란다.

전문가적 판매
Expertise Selling

삼성전자 같은 IT 대기업에서 통신사업자나 유통 거래처에게 가장 많이 활용하고 또 중요하게 다뤄야 하는 판매 기법은 전문가적 판매Expertise Selling이다.

전문가적 판매는 구매자가 판매자에게 강한 신뢰와 믿음Loyalty를 가지고 있으며, 판매자에게 단순한 제품이나 서비스를 구매하는 것을 넘어 다양한 방면에 걸쳐 더 큰 부가 가치를 기대하고 있는 경우이다.

판매자 입장에서는 이를 바탕으로 협력 관계를 더욱 확대해 나갈 수 있다. 예로, 삼성전자가 글로벌 대형 통신사업자와 협업하는 것이나, 베스트바이Best Buy, 존 루이스John Lewis 등 전자 유통 거래처와 전략적 파트너십을 맺고 협업하는 것이 모두 전문가적 판매의 일환으로 이해될 수 있다.

전문가적 판매를 잘하기 위해서는 어떤 것들이 갖추어져야 할까? 많은 것이 있겠지만 가장 중요한 두 가지는 다음과 같이 정리될 수 있다.

첫 번째는 해당 산업 분야Industry에 대한 최고의 전문성 확보, 두 번째는 고객의 요구 사항Requirement을 명확하게 파악하는 것이다. 이 두 가지가 확보되면 능동적으로 고객을 리드해 나갈 수 있다.

첫 번째 요건인 산업 분야에 대한 최고의 전문성 확보 측면의 예를 하나 들어 보겠다. 2006년경의 소니 에릭슨Sony Ericsson을 떠올릴 수 있다. 당시의 휴대폰 시장 지배자는 40%가 넘는 시장 점유율을 가지는 노키아Nokia였지만, 소니 에릭슨은 워크맨Walkman이라는 휴대용 오디오 브랜드 파워를 기반으로 뮤직 폰 시장에서 절대 강자의 위치를 점하고 있었다.

삼성전자도 다양한 종류의 뮤직 폰을 출시하여 소니 에릭슨에 대항하려 하였으나 절대적으로 역부족이었다. 소니 에릭슨의 워크맨은 제품의 하드웨어나 소프트웨어, 소비자 사용성 UI 등도 경쟁사보다 훨씬 앞서 있었지만 가장 큰 차이는 뮤직 폰의 세일즈 역량에서 비롯되었다.

소니 에릭슨은 소니와 에릭슨의 합작 회사였고, 그중 소니는 소니 뮤직을 보유하여 뮤직 산업계의 리더 기업 중 하나였다. 그러한 소니의 노하우가 '워크맨 폰'에 고스란히 녹아 있었으니 경쟁사들이 당해 낼 재간이 없었다.

소니 에릭슨의 강점은 제품에만 투여된 것이 아니라 판매 방식에 있어서도 확연하게 나타났다. 뮤직 산업에 대한 수많은 경험과 전문적 데이터를 바탕으로 단순히 제품을 제안하는 것만이 아니라 소비자 인사이트, 시장 및 기술 트렌드에 대한 방대한 전문 자료, 더 나아가 사업자가 어떻게 뮤직 서비스를 시작하고 매출과 이익을 창출해야 하는지, 어떻게 양사가 협업할 수 있는지에 대한 자문 역할까지 제공하였다.

프레젠테이션에 있어서도 일반 세일즈맨이 아닌 레게 헤어스타일을 한 실제 뮤지션Musician, 유명 프로듀서Producer, 기타 업계 전문가들까지 동원하여 고객인 통신사업자들의 혼을 쏙 빼 놓았다. 그러니 음악 분야에 전문성이 없는 삼성전자와 같은 회사들이 당해 낼 도리가 없었던 것이다.

사업자들은 소니 에릭슨을 하나의 납품업체Vendor로 인식하는 것이 아니라 자신들의 뮤직 서비스 사업을 도와주는 전문가 집단으로 인식하였다. 이것이 전문가적 판매의 힘이다(에릭슨과 결별한 소니는 최근에도 사운드에 강점을 둔 스마트폰 엑스페리아 시리즈를 출시했다).

두 번째 요건인 고객의 요구 사항Requirement을 명확하게 파악하기 위해서는 어떻게 해야 할까? 고객의 요구 사항이란, 니즈Needs와 원츠Wants를 포함한 개념이다.

많은 세일즈맨들은 스스로 고객의 요구 사항을 잘 이해하고 있다고 생각하지만 실상은 그렇지 않다. 아무리 좋은 협력 관계에 있는 거래처라고 해도 모든 정보를 판매자에게 공유하지는 않는다. 전문가적 판매에 있어 세일즈맨의 역할 중 하나는 거래처가 공유해 주는 정보뿐 아니라 숨어 있는 요구 사항까지 찾아내는 일이다.

이를 잘하기 위한 핵심 스킬은, 질문Questioning Skill과 경청Listening Skill에 있다. 실제 대형 기업들을 고객으로 하여 지속적으로 관계 관리를 담당하는 어카운트 매니저Account Manager들이 고객을 만나면 고객이 무엇을 원하는지 듣는 것보다는 자기중심적으로 세일즈 토크Sales Talk를 하는 데에 더 많은 시간을 쓰고 있다.

이는 매우 잘못된 일이다. 고객과의 세일즈 미팅Sales Call에 있어 80%의 시간은 고객의 요구 사항을 파악하는 데 사용되어야 한다. 판매자가 원하는 유용한 정보를 얻는 일은 '어떤 질문을 하느냐'의 질문 기법에 달려 있다. 크리슈나무티J. Krishnamurti의 "당신이 얻고자 하는 답은 당신이 하는 질문 속에 담겨 있다"라는 말을 세일즈맨이라면 새겨 들어야 한다.

질문 기법은 학습과 수많은 반복 훈련이 필요한 영역이다. 질문에 있어 일반적인 팁을 몇 가지 소개하자면 단답형이나 Yes/No의 대답이 나올 수 있는 폐쇄형 질문보다는 질문을 받은 사람들이 저절로 많은 이야기를 하게 되는 개방형 질문이 효과적이다.

그리고 처음에는 좀 넓고 광범위한 주제의 질문으로 시작해서 좀 더 질문자가 원하는 토픽에 맞게 질문의 범위를 좁혀 나가는Narrow Down 기술이 필요하다. 또한 대화 중간중간에 고객이 한 말을 적절하게 요약하여, 자신이 획득한 정보가 맞는지 확인하는 것도 매우 중요한 기법이다.

지금 여러분이 맡고 있는 거래처들과 판매하는 제품들을 곰곰이 살펴보면 어떤 방식의 판매를 해야 할지 생각이 정리될 것이다. 각각의 판매를 하는 세일즈맨의 특징을 살려서 역할을 요약하고, 그에 필요한 세일즈 활동을 정리해 보면 다음과 같다.

1회성 단순 판매: 직설적 방법

- 관심 끌기
- 문제를 확실히 정의
- 단일 해결책 제시
- 저항을 누름
- 구매 결정을 주도함

관계 기반 판매: 정서적 방법

- 요구 사항을 구체화하고 확인
- 추가 판매 정보를 확보
- 다음 미팅 일정을 정함

컨설팅적 판매: 귀납적 방법

- 신뢰를 확보
- 고객의 상황을 정확히 분석
- 고객의 문제점을 구체화
- 문제 해결 솔루션을 제시

전문가적 판매: 연역적 방법

- 고객의 니즈를 찾아냄
- 찾아낸 고객 니즈에 대해 합의
- 적절한 제안을 준비
- 제안을 고객과 합의

Recap

세일즈 상황

세일즈 상황(Sales Situation)에 따라 판매 접근 방식과 기법이 달라야 한다. 세일즈 상황을 결정하는 두 가지 핵심 요소는 다음과 같다.

1. 고객(Customer)이 판매 제안(Offer)에 보이는 태도(Attitude): 이는 제품 자체의 문제 해결 가치뿐만 아니라, 판매 과정 전반에서 고객이 판매자로부터 기대하는 비물질적인 부가 가치(Added Value)를 포함한다.
2. 판매자(Seller)와 관련된 기대(Expectation): 구매자가 판매자에게 가지는 신뢰와 믿음(Loyalty)의 정도, 판매자의 브랜드, 제품, 기술적 우위에 대한 인식을 의미한다. 기대가 낮으면 단순 거래로 그치지만, 높으면 반복 구매를 거쳐 단골 마인드(Loyalty)로 발전한다.

이 두 가지 요소를 바탕으로 네 가지 판매 유형(Selling Type)이 제시된다.

1회성 단순 판매(Assertive Selling)

- 구매자와 판매자 간 신뢰 관계가 낮거나 없으며, 제품이나 기대하는 부가 가치도 낮은 경우에 해당된다. 판매 그 자체가 목적인 1회성 거래가 많다.

- 세일즈 방법(직설적 방법): 관심 끌기, 문제를 확실히 정의, 단일 해결책 제시, 저항을 누르고 구매 결정을 주도한다.

관계 기반 판매(Relational Selling)

- 이미 구축된 고객과의 관계를 활용한다. 제안하는 제품은 경쟁 제품과 크게 차별화되지 않으며, 고객도 특별한 부가 가치(정보 제공, 전문적 조언)를 기대하지 않는 경우가 많다. 지속적인 반복 판매 또는 추가 판매가 주 목적이다.
- 세일즈 방법(정서적 방법): 요구 사항을 구체화하고 확인하며, 계약에 필요한 정보를 즉각 제공하고, 다음 미팅 일정을 정한다.

컨설팅적 판매(Consultative Selling)

- 고객이 판매자에게서 더 많은 부가 가치를 기대하는 경우이다. 주로 신규 거래처 개척에 쓰이며, 판매가 일회성 또는 프로젝트인 경우가 많다. 판매자 중심이 아닌 구매자 중심의 판매이며, 판매의 출발점은 고객의 상황이나 니즈 파악이다. 컨설팅 회사가 고객사에 접근하는 방식과 유사하다.
- 세일즈 방법(귀납적 방법): 신뢰 확보, 고객 상황 정확히 분석, 고객 문제점 구체화, 문제 해결 솔루션 제시가 중요하다.

전문가적 판매(Expertise Selling)

- 구매자가 판매자에게 강한 신뢰와 믿음을 가지고 있으며, 단순한 제품/서비스 구매를 넘어 다양한 방면에 걸쳐 더 큰 부가 가치를 기대하는 경우에 활용된다. 판매자는 고객의 사업을 돕는 전문가 집단으로 인

식되어야 하고, 협력 관계를 확대해 나가는 데 집중한다.

- 세일즈 방법(연역적 방법): 해당 산업 분야(Industry)에 대한 최고의 전문성을 확보하고 고객의 요구 사항(Requirement)을 명확하게 파악하여, 발견한 니즈에 대해 합의하며, 니즈에 따라 제안하고, 제안에 대한 합의를 이끌어낸다. 숨어 있는 요구 사항까지 찾아내기 위해 질문(Questioning Skill)과 경청(Listening Skill)이 중요하다.

Keywords

세일즈 상황(Sales Situation) ——— 판매가 이루어지는 전반적인 환경과 조건을 의미하며, 주로 고객의 태도와 판매자에 대한 기대로 결정된다.

세일즈 제안 관련 태도(Offer Related Attitude) ——— 판매자가 제안하는 제품이나 서비스가 구매자에게 제공할 수 있는 가치에 대한 고객의 인식이다.

판매자 관련 기대(Seller Related Expectation) ——— 구매자가 판매자 브랜드, 제품, 기술력 등에 대해 가지는 신뢰와 믿음(Loyalty)의 정도이다.

부가 가치(Added Value) ——— 제품 자체의 기능적 가치 외에 판매 과정에서 고객에게 제공되는 비물질적이고 추가적인 가치이다.

1회성 단순 판매(Assertive Selling) ——— 구매자와 판매자의 신뢰나 제안의 부가 가치가 모두 낮은 상황에서 공격적으로 이루어지는 판매 방식이다.

관계 기반 판매(Relational Selling) ——— 이미 형성된 고객과의 신뢰 관계를 바탕으로 지속적인 반복 구매 또는 추가 판매를 목표로 하는 방식이다.

컨설팅적 판매(Consultative Selling) ——— 고객이 판매자에게 높은 부가 가치를 기대하며, 판매자가 고객의 상황을 분석하고 문제 해결 솔루션을 제시하는 구매자 중심의 판매 방식이다. 주로 신규 거래처 개척에 활용한다.

전문가적 판매(Expertise Selling) ——— 고객이 판매자에게 강한 신뢰와 믿음을 가지고 있으며, 단순 제품 구매를 넘어 다양한 분야에서 부가 가치를 기대하는 판매 방식이다. 최고의 전문성과 고객 요구 사항 파악이 중요하다.

상품(Commodity) ——— 품질이나 기능에서 큰 차이가 없어 주로 가격 경쟁력을 통해 판매되는 대량생산된 제품이다.

신뢰/믿음/충성도(Loyalty) ——— 고객이 특정 판매자나 브랜드에 대해 가지는 긍정적인 감정과 반복적인 거래 의지이다.

해결책(Solution) ——— 고객의 문제점을 해결하기 위해 판매자가 제시하는 포괄적인 방안 또는 서비스이다.

스핀 셀링(SPIN Selling) ——— 닐 래캄Neil Rackham이 개발한 컨설팅적 판매 기법으로, 상황(Situation), 문제(Problem), 시사(Implication), 해결(Need-Payoff) 질문을 통해 고객의 숨겨진 니즈를 파악하는 방법론이다.

요구 사항(Requirement) ——— 고객이 필요로 하거나 원하는 것, 즉 니즈(Needs)와 원츠(Wants)를 포괄하는 개념이다.

질문 기법(Questioning Skill) ——— 고객의 니즈와 요구 사항을 명확히 파악하기 위해 효과적인 질문을 하는 능력이다.

경청 기법(Listening Skill) ——— 고객의 말을 주의 깊게 듣고 이해하며, 숨겨진 의미나 맥락까지 파악하는 능력이다.

어카운트 매니저(Account Manager) ——— 특정 주요 고객사와의 관계를 관리하고 비즈니스를 확대하는 역할을 담당하는 영업 담당자이다.

좁혀 나가기(Narrow Down) ——— 질문이나 대화의 범위를 처음에는 넓게 시작하여 점차 구체적이고 특정 주제로 좁혀 나가는 기법이다.

PART 5

세일즈 프로세스와 핵심 세일즈 토크

세일즈 프로세스의 과학

세일즈에도 프로세스가 있다고? 그렇다. 세일즈에도 프로세스가 있다. 세일즈처럼 인간관계로 움직이는 것 같은 영역에서 프로세스를 갖추는 것이 왜 중요할까?

어떤 분야에 프로세스를 갖춘다는 것은, 어떤 활동들을 표준화하여 체계적으로 진행하고 관리한다는 의미이다. 그리고 그 목적은 활동들의 성과를 상향 평준화하는 것이다. 복잡하고 오래 걸리는 세일즈 활동들을 프로세스화하는 것도 마찬가지의 목적을 가진다.

흔히 세일즈는, 개인의 역량에 따른 종합 예술 즉 개인기라고 생각한다. 그래서 잘 파는 사람은, 고객이 무엇을 원하는지도 잘 센싱하고, 제품과 서비스의 기술도 잘 이해하며, 말재주가 좋아서 고객을 잘 설득하는 재능을 갖춘 사람이라고 생각한다. 그 말이 틀리지 않다.

그런데 세일즈 활동에 프로세스를 도입한다는 것은, 그러한 개인의 역량 즉 Art에 과학을 주입해서 체계적인 과정으로 표준화한다는 의미이다. 따라서 세일즈 활동에서 관리할 수 있는 것들은 최대한 관리해서, 세일즈를 지원할 수 있는 표준적인 프로세스와 기준을 만든다.

그렇게 되면 세일즈 활동을 더 예측 가능하고 일관되며 효율적인 활동들로 상향 평준화할 수 있고, 이를 조직 전체에 도입함으로써 세일즈 성과를 월등하게 높일 수 있다.

세일즈 프로세스 7단계

다양한 세일즈맨이 있고, 다양한 고객이 있어 획일화하기는 어렵지만, 세일즈 성과를 표준화하기 위해서 가능한 범위에서 세일즈 프로세스가 표준화되었다.

HP, IBM, 오라클 등 IT 업계의 많은 글로벌 기업이 자신들의 상황에 맞는 세일즈 프로세스를 구체적으로 제시하고 있고, 세일즈 전문 컨설턴트들도 여러 가지 세일즈 프로세스를 구체적으로 제시한다.

이 프로세스들을 기반으로 세일즈 인력 훈련은 물론이고, 세일즈 프로세스를 관리하기 위한 시스템까지도 개발하여 적용하고 있다. 우리가 쉽게 접할 수 있는 대표적인 프로세스 모델들은 다음과 같다.

대표적인 세일즈 프로세스 모델

☐ SPIN Selling Model (by Neil Rackham)

Situation → Problem → Implication → Need-Payoff →
Question Preliminaries → Investigating →
Demonstrating Capability → Obtaining Commitment

☐ Perfect Selling Model (by Linda Richardson)

Connect → Explore → Leverage → Resolve → Act

☐ Acess → Discover → Evalute → Deploy (by Mercuri)

Mercuri

Understand the Customer → Identify the Opportunities → Qualify the Opportunities

Develop & Propose Solution → Negotiate and close → Implement & Insure → Develop & Propose Solution

Negotiate and close → Implement & Insure → Expand & Extend

☐ SalesForce.com Model

salesforce

고객발굴 (Lead Generation) → 고객 자격 부여 (Lead Qualification) → 판매 기회 관리 (Opoortunity Management)

제안서 작성 (Proposal Creation) → 협상 및 계약 (Negotiation and Closing) → 주문 처리 (Order Processing) → 고객 서비스 (Customer Service)

이러한 다양한 세일즈 프로세스는, 조금씩 다르고 장단점이 있다. 그러나 통상적으로 활용하는 가장 기본적인 세일즈 프로세스는 아래와 같이 7단계로 볼 수 있다.

이러한 7단계의 세일즈 프로세스는, 기업 대 기업의 복합 세일즈 상황에서 가장 잘 적용할 수 있으나, 내용을 보면 일반적인 소매 리테일 상황에서도 이러한 단계별로 고객과 판매원 간의 거래가 진행되는 것을 쉽게 알 수 있다.

세일즈의 7대 핵심 단계
7 Basic Stages in Sales Call

판매를 위해 준비하는 단계Prepare에서 시작한다. 예를 들어 담당하는 제품에 대해서 상세히 이해하거나, 연락해 볼 잠재고객을 파악하는 등의 활동이 그것이다.

두 번째로는 첫 연락을 하는 접촉Contact 단계이다. 메일을 보내거나 전화를 해보거나, 문자를 보내는 등의 활동을 하고 첫 미팅을 하는 것 등이 그것이다.

이 단계의 목적은 판매를 하는 것이 아니라, 이 고객과 공감대를 갖고 관계를 만들며 고객을 충분히 이해하는 것이다. 중요한 것은, 판매자의 입장에서 대뜸 제품을 소개하려고 하기보다는 고객의 구매 사이클을 고려해서 첫 접촉을 해야 한다는 점이다.

예를 들어, 고객이 그 제품을 진정으로 필요로 하는 고객인지, 현재 별로 구매 의도는 없으나 그냥 제품을 탐색하는 단계인지, 앞으로 구매 가능성이 있는지 등을 파악하게 된다. 고객과 공감대를 형성하고 고객의 상황을 파악하기 위해 질문과 경청 등을 주로 하게 된다.

그 다음은, 검증Qualify 단계, 즉 이번 건이 세일즈로 전개될 가능성에 대해 판단하는 단계이다. 고객이 그냥 관심만 가진 단계인지, 아니면 좀 더 구체적으로 구매하고자 하는 가능성이 있는 것인지 판단해서, 만약 구매 가능성이 있다면 다음 단계로 넘어가게 된다. 이를 위해 고객과 첫 컨택 이후에 다양한 경로를 통해 추가적으로 정보 수집을 하는 것이 필요하다.

고객의 구매 가능성이 있다고 검증하고 나면 비로소 고객에게 제시할 만한 제품과 서비스 등의 솔루션을 구성하기 위해 좀 더 구체적인 조사활동을 하게 된다. 바로 조사Investigate 단계이다. 이 단계에서는, 고객의 요구 사항을 매우 구체적이고 세밀하게 도출하는 것이 핵심이다. 이 단계에서 얻은 정보를 기반으로 우리의 제품, 서비스를 준비하기 때문이다.

이렇게 고객의 요구 사항을 매우 구체적으로 파악해 오면, 우리 회사 내의 여러 관련 부서와 조율해서 고객의 요구를 충족시키고 경쟁사와 차별화할 수 있는 제품과 서비스, 가격 및 서비스 정책 등을 종합적으로 고려한 우리의 솔루션을 준비한다. 그 결과물인 우리의 제품, 서비스를 고객에게 소개하고 설명하는 단계가 다음인 제안Present 단계이다.

직접 고객사 앞에서 공식적인 PT를 하는 경우도 있고, 비공식적으로 설명을 하기도 하고, 미리 제품과 솔루션 샘플이 준비된 경우라면 '시연Demonstration' 등 다양한 방식이 가능하다.

특히 이 단계에서는, 우리의 제품 자랑을 늘어 놓으려고 하기보다는 고객의 관점에서 우리가 무엇을 해줄 수 있는지를 명확하게 전달할 수 있어야 한다. 또한 고객이 자신의 요구 사항과 경쟁사의 제품·서비스Offering를 모두 감안하여 다양한 의문을 제시하는데, 이에 매끄럽게 대응할 수 있어야 한다.

고객에게 제안 프레젠테이션을 잘하는 것이 얼마나 중요한지는, 그 활동만을 위해서 다양한 훈련 프로그램과 기업이 있다는 점을 보면 쉽게 알 수 있다.

제안 단계에서 고객으로부터 호의적인 선택을 받고 나면, 다음 단계로 구매 계약서에 도장을 찍는 계약Close 단계로 진행한다. 말로 하는 계약으로는 아직 판매가 된 것이 아니고, 계약서에 도장을 찍음으로써 비로소 계약이 되는 것이다.

제안 단계에서 호의적으로 우선 협상 대상자로 선정되어도 구체적인 계약 체결 단계에서 계약이 체결되지 않는 경우도 있다. 그래서 세일즈 전문가들은, '클로징 더 딜Closing the Deal'이라고 해서 최종 계약 체결 단계까지 잘 마무리하는 것을 매우 강조한다.

계약이 체결되었다고 세일즈가 종료되는 것이 아니다. 마지막 단계가 남아 있다. 바로 계약 실행Follow-Up 단계이다. 실제로 고객이 구매 계약했던 제품과 서비스가 제대로 제때에 납품되어 제대로 작동하는지, 그 이후 고객이 남은 대금을 제대로 입금했는지, 납품한 제품이 보증기간 내에 잘 작동해서 고객의 기대를 충족하고 이후에도 우리의 중요 단골 고객으로 발전되도록 하는 모든 활동이 이에 해당한다.

제품과 서비스가 복잡한 경우에는, 이 단계에서 예측하기 어려운 여러 가지 일들이 발생하므로, 세일즈맨은 '영업대표'로서 고객에게 끝까지 계약 실행Follow-Up을 해주어야 한다. 그래야 비로소 하나의 세일즈 사이클이 종료된다. 나아가 또 다른 세일즈가 이 단계에서 시작될 수도 있다.

세일즈 프로세스 단계별로 해야 할 일들

앞에서 개괄적으로 살펴본 세일즈 각 단계별로 구체적으로 해야 할 일들을 알아보면 다음과 같다.

1. 준비(Prepare) 단계

- 고객과의 첫 미팅을 준비하기 전에 미팅의 목적과 목표가 무엇인지 정함
- 고객의 특징과 과거 구매 경력 등을 파악하여 기초 프로파일을 준비함
- 구매 센터Buying Center를 분석해서 구매 의사 결정자와의 미팅에 대비함

2. 접촉(Contact) 단계

- 판매자(회사와 세일즈맨)를 소개함

- 미팅을 위해 방문한 계기나 이유가 무엇인지 설명함
- 고객의 관심과 주목을 얻도록 함: 다양한 맞춤형 방법 활용
- 공감대와 신뢰를 형성하기 위해 최선을 다함

3. 검증(Qualify) 단계

- 고객에게 구매할 예산이 확보되어 있는지 확인함
- 판매자의 제품과 서비스가 제공할 수 있는 혜택benefit을 고객이 원하고 필요로 하는지 확인함
- 향후 고객이 원하는 일정은 어떤지 점검함
- 구매 의사 결정을 하는 데 최종 권한을 가진 사람이 누구인지 확인함
- 판매자가 고객의 요구 사항을 다 충족시킬 수 있는지 판정함

4. 조사(Investigate) 단계

- 전문 컨설턴트와 같은 관계를 확립함
- 질문을 통해 고객의 요구 사항을 좀 더 충분히 파악함
  - 개방형 질문으로 시작함
  - 광범위한 주제에서 시작하여 구체적인 방안으로 좁혀 나감
  - 불필요한 말들은 자제함
  - 한 번에 한 토픽씩

- 질문이 엉뚱한 방향으로 가지 않고 초점을 유지함
- 강압적 질문은 피함
- 질문하는 이유를 설명함: 고객의 요구 사항을 더 잘 파악하기 위함
- 고객이 원하는 혜택이 무엇인지 물어봄
- 전문 컨설턴트의 입장을 견지함

5. 제안(Present) 단계

- 고객의 요구 사항에 맞게 프레젠테이션을 맞추어 준비함
- 고객의 요구 사항을 판매자의 제품이 어떻게 충족할 수 있는지 강조함
- 제품이 충분히 보여지도록 함
- 판매자의 제품이 고객 회사의 조직에 가져다줄 수 있는 혜택들을 보여줌
- 고객의 문제 상황을 해결할 수 있는 솔루션을 데모함
- 열정적이고 자신감 있게 함
- R-FAB 원칙을 적용함
- 고객의 반론을 능숙하게 처리함

세일즈 프레젠테이션은, 경쟁 입찰이 있거나 신제품을 소개하거나, 신규 입점을 할 때에 고객이 의사 결정을 하는

데 매우 중요하다. 그간의 분석과 조사, 관계 구축을 했던 모든 노력은, 바로 이 프레젠테이션 단계를 위한 준비였다고 해도 과언이 아니다. 따라서 이 프레젠테이션 단계에서는 몇 가지 좀 더 유의할 점이 있다.

1. 프레젠테이션은 결정적인 순간Moment of Truth이라는 것을 명심하고 그동안 갈고닦은 실력을 모두 쏟아 부어야 한다. 마치 배우가 오랜 연습 후에 무대에 서는 것이고, 운동선수가 각고의 훈련 끝에 경기에 임하는 것과 같다.
2. 파워포인트나 동영상 등 자료를 완벽하게 해야 한다. 내용은 물론이고 보여주기 위한 여러 가지 운영적인 측면까지 완벽하게 준비하고 점검한다.
3. 긍정적이고 열정적인 자세를 갖춰야 한다. 발표하는 사람이 스스로 확신하지 못하면서 고객이 우리 제품에 대해 확신하고 구매해 주길 기대하는 것은 불가능하다.
4. 제품 기능을 실시간으로 현장에서 데모하는 것도 좋은데, 이는 꼭 필요한 경우에 하는 것이 좋다. 자칫 통신 환경이나 주변 여건, 또는 시제품 등으로 인해 오히려 고객의 염려를 키울 수도 있기 때문이다.

데모를 할 때는 다음과 같은 점을 철저히 점검해야 한다.

실시간 데모의 유의점

- **판매 제품을 실시간 데모하는 이유를 확인한다**
  - 세일즈에서 딜을 따내기 위해
  - 판매자가 전문가라는 이미지를 고객에게 심어주기 위해
  - 고객사의 업무공간으로 가서 그들에 대해 더 많이 알기 위해
  - 고객을 판매자의 업무공간으로 초대하여, 고객들이 판매자들을 친근하게 느끼도록 하기 위해
- **성공적인 데모의 조건**
  - 실시간 데모는 매우 효과가 좋으나 반대로 매우 위험하기도 하다는 점을 명심할 것
  - 꼭 필요한 핵심만 보여줄 것
  - 판매자의 제품이 고객의 문제점을 해결해 줄 수 있다는 점을 보여주는 데 초점을 둘 것

5 고객을 위한 프레젠테이션에서 반드시 R-FAB 원칙을 준수해야 한다. 이 원칙은 특히, 프레젠테이션 자료 준비 시에, 판매자 팀원들이 충분히 고객을 이해하고 나서 판매자가 제안하고자 하는 제품 특성을 무엇이라고 설명할지 도출하는 데 매우 유용하다. 이를 위해 R-FAB 원칙을 반드시 지키기를 권한다. 또한 R-FAB 원칙에서 각 단계별 답을 찾기 위해서는 '고

래서 무엇이 좋은데? So What Test'를 사용하면 된다.

R-FAB 원칙의 적용

- **R-FAB 원칙이란?**
  - 요구(Requirement): 고객의 요구 사항은 무엇인가?
  - 기능(Feature): 우리가 제안하는 제품은 어떤 기능적 특징을 가지는가? 사실 그 자체 (What is it?)
  - 이점(Advantage): 우리가 제안하는 제품의 기능이 해주는 일은 무엇인가? (What will it do?)
  - 혜택(Benefit): 그 기능들이 고객의 필요를 얼마나 잘 만족시키는가? (For you?)

- **그래서 무엇이 좋은데? So What Test**
  - 판매자의 기능이 고객의 요구를 얼마나 어떻게 만족시키는지 도출하기 위한 구체적인 방법
  - 프레젠테이션을 준비할 때, 세일즈팀이 자체적으로 지속적인 So What Test를 하면, 고객의 입장에서 어떤 점이 좋은지를 고객의 언어로 도출할 수 있음
  - 또한 세일즈 프레젠테이션에서 R-FAB 로직으로 고객에게 설명함으로써, 판매자의 제품이 고객을 위해 무엇을 해 줄 수 있는지를 명확하게 알릴 수 있음

많은 세일즈 프레젠테이션에서 판매자가 제품 기능들을

장황하게 자랑하는 경우가 있는데, 그럴 경우 고객은 '그래서 이게 나한테 무슨 의미이지?'에서 답을 찾기 어려우며, 판매자가 '고객 중심적'이지 않다고 인지하게 된다.

R-FAB 원칙과 So What Test 사례

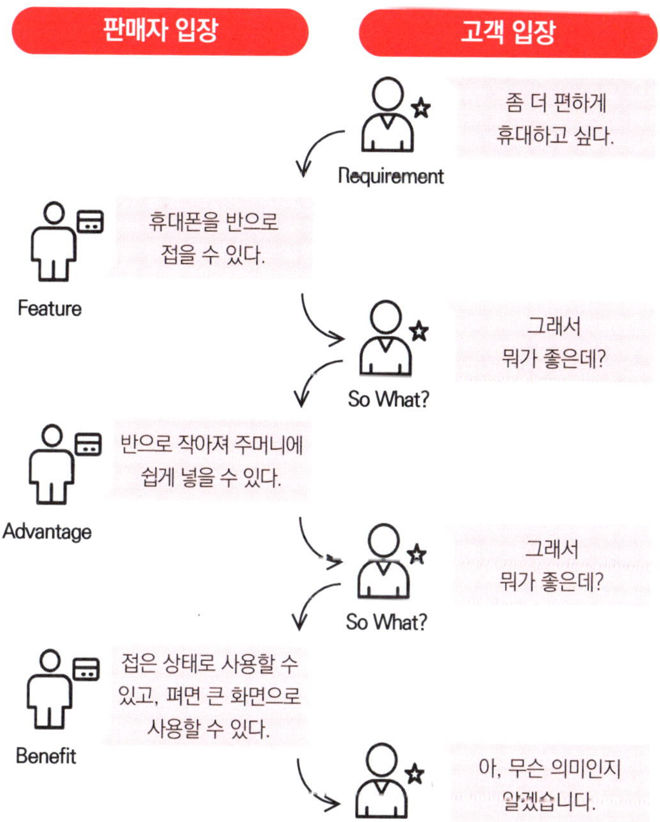

세일즈 프레젠테이션에서 반론 대응(Objection Handling)

판매자가 준비한 대로 세일즈 프레젠테이션을 하면, 고객은 다양한 반론을 제기한다. 이때 고객 반론을 잘 대응하는 것은 세일즈 프레젠테이션에서 매우 중요하다. 잘 대응하면 계약을 일찍 마무리할 수도 있고, 대응이 좋지 못하면 추가적으로 계속 대응하느라 시간과 에너지를 쓸 수도 있다.

마치 취업 면접에서 훌륭한 이력을 갖추고, 자기소개와 면접 대응을 잘한 후, 압박용 질문에서 어떻게 대답하는가와 같다.

고객이 어떤 이의를 제기하건 다음의 두 단계로 대응하는 것이 좋다.

1 인내심을 가지고 고객이 제기하는 반론을 침착하게 경청함

- 냉정심을 유지하며 고객의 말을 중간에 끊지 말고 끝까지 잘 듣기
- 고객의 반론에 대해 틀렸다, 잘못되었다고 논쟁하거나 공격적으로 하지 말기
- 고객이 제기한 반론에 대해 질문하여, 고객의 요구가 어떤 의미인지, 어떤 의도인지 좀 더 구체적으로 파악하기. 질문

을 해보면 고객이 제기하는 이의 아래에 어떤 의도가 있는지 파악할 수 있음

고객의 반론 제기 유형 파악

- **고객이 판매자의 제품이 '비싸다'고 했을 경우**
  - 실제 반론(Real Objection): 실제로 비쌀 경우
  - 거짓 반론(Phony Objection): 판매자의 제품이 경쟁 제품보다 저렴한데도, 고객이 '경쟁사보다 비싸다'고 하는 경우
  - 농담 같은 반론(Banter Objection): '모조품은 1/10 가격으로 살 수 있는데…' 하는 식

2 인간관계에서 활용할 수 있는 몇 가지 말로 잠시 분위기를 전환하고 대응 준비를 함

- Feel-Felt-Found 기법 활용
- Feel: 고객의 반론에 공감함. "아~ 비싸다고 생각하시는군요."
- Felt: 과거에 있었던 다른 고객의 반론 사례를 공유함. "다른 고객들도 그렇게 생각하는 경우가 많았어요."
- Found: 과거에 있었던 다른 고객의 반론이 어떻게 해소되었는지 공유함. "그런데 제가 0000을 해드리고 나니, 나중에는 우리 회사의 제안을 수긍했습니다." 또는 "저의 설명을 듣고 수긍했습니다."

이러한 반론 대응은 고객의 가격 반론을 단순히 부정하는 것이 아니라, 고객의 감정에 공감하고Feel, 유사한 상황에 있던 다른 고객들의 경험을 공유하며Felt, 최종적으로는 제품의 차별화된 가치와 장기적인 혜택을 강조하여Found 고객을 설득하는 데 초점을 맞춘다. 특히 기존의 사례들을 활용하여 고객의 신뢰성을 높이는 것이 중요하다.

6. 계약(Close) 단계

고객이 결정을 하도록 돕는 단계이다. 이 최종 계약 단계를 위해서 앞의 모든 일을 한 것인데, 이 단계에서 마무리를 못 한다면, 축구에서 골대 앞에서 여러 번 왔다 갔다 하여 시간과 에너지를 사용하고도 골을 못 집어 넣는 것과 같다. 계약을 체결하기 위해 다음과 같은 몇 가지 방법을 활용할 수 있다.

1 거래 완료를 가정하는 방법(Assumptive Close)

- 자 이제 구매하기로 정하셨으니, 설치는 언제 해드릴까요?

2 거래 완료를 위해 필요한 대안을 추천하는 방법 (Recommendation Close)

- 이렇게 하면 어떨까요? 가격은 00으로 하고, 설치는 다음 달까지 완료하면 어떨까요?

3 남은 이슈를 한 가지만으로 압축(Sole Objection Close)

- 모든 이슈가 해결되었으니, 이제 설치 날짜만 한 달 앞당기면 될까요?

4 위원회를 제안하며 거래를 완료하는 방법(Closing with a committee)

- 누구누구가 같이 결정하셔야 하나요? 위원회를 구성해서 결정할까요? 그럼 그렇게 위원회를 모아 보시지요.
- 혼자 못 하면 여럿이 결정하도록 함
- 이 경우 각 위원들을 미리 만나서 조율하고, 최종 미팅에서 결정하도록 대응함

거래를 완료하여 고객으로부터 최종 OK를 받아낼 때 위의 어떤 방법을 사용하건 간에, 반드시 명심해야 할 것은 능동적인 자세와 수동적인 자세의 균형을 적절하게 유지해야 한다는 점이다.

고객의 최종 결정을 너무 세게 몰아붙이면 고객은 의심과 염려가 생겨 최종 계약을 거부할 수 있다. 반대로 고객의 마음은 결정되었는데, 최종 결정 단계로 진행하지 않고 여전히 수동적으로 하면, 역시 고객은 의심과 염려가 생겨 최종 계약을 하지 않을 수 있다.

7. 계약 실행(Follow-Up) 단계

- 계약(Close) 단계 이후 진정한 세일즈는 시작됨
- 무엇보다 계약한 대로 성실하게 이행하는 것이 가장 중요함
- 고객을 지원하고 돕기 위해 헌신해야 함
- 고객의 만족이 미래 세일즈의 근원이라는 점을 명심할 것
  - · 반복 구매: 기존 고객이 재계약
  - · 장기적 관계 강화: 단골이 되고 전략적 파트너십으로 발전
  - · 좋은 추천 활동: 댓글이나 후기를 남기며, 업계에서 긍정적인 소문을 내줌. 다른 잠재고객을 소개해 주거나, 업계에서 공유할 수 있는 납품 사례로 사용하도록 허락받거나, 다른 고객과의 거래에서 필요한 추천의 말을 받을 수 있음

Recap

세일즈 프로세스

세일즈 프로세스의 중요성

- 세일즈 활동에 프로세스를 갖춘다는 것은, 활동들을 표준화하여 체계적으로 진행하고 관리하는 것이다. 그 목적은 세일즈 활동들의 성과를 상향 평준화하는 것이다.
- 세일즈는 흔히 개인의 역량에 따른 '종합 예술' 또는 '개인기'로 여겨지지만, 프로세스를 도입하면 개인의 역량(Art)에 과학을 주입하여 체계적인 과정으로 표준화할 수 있다.
- HP, IBM, 오라클 등 많은 글로벌 IT 기업은 자체 세일즈 프로세스를 구체적으로 제시하고 있으며, 세일즈 인력 훈련과 관리 시스템 개발에 적용하고 있다.

세일즈 프로세스 7단계

- 다양한 세일즈 프로세스 모델이 있지만, 통상적으로 활용하는 가장 기본적인 세일즈 프로세스는 다음의 7단계로 볼 수 있다. 이는 기업 대 기업(B2B)의 복합 세일즈 상황은 물론이고, 일반적인 소매(Retail) 상황에서도 적용될 수 있다.

1. 준비(Prepare) 단계

- 판매를 위해 준비하는 단계로, 담당 제품 상세 이해, 잠재 고객 피

악 등의 활동이 포함된다.

- 첫 미팅의 목적과 목표를 정하고, 고객의 특징과 과거 구매 경력을 파악하여 기초 프로파일을 준비하며, 구매 의사 결정자를 분석하여 미팅에 대비해야 한다.

2. 접촉(Contact) 단계

- 고객과의 첫 연락 단계로, 메일, 전화, 문자 발송, 첫 미팅 등이 해당된다.
- 이 단계의 목적은 판매가 아니라 고객과의 공감대 형성, 관계 구축, 고객 이해이다. 고객의 구매 사이클을 고려하여 고객이 진정으로 제품을 필요로 하는지, 탐색 단계인지, 구매 가능성이 있는지 등을 파악해야 한다. 질문과 경청을 주로 활용한다.

3. 검증(Qualify) 단계

- 이번 건이 세일즈로 전개될 가능성을 판단하는 단계이다.
- 고객이 구매할 예산이 확보되어 있는지, 판매자의 제품/서비스가 제공할 혜택을 원하는지, 향후 일정은 어떤지, 최종 구매 의사 결정자가 누구인지 등을 확인하여 다음 단계 진행 여부를 결정한다.

4. 조사(Investigate) 단계

- 고객의 구매 가능성이 검증된 후, 솔루션을 구성하기 위한 구체적인 조사 활동이다. 고객의 요구 사항을 매우 구체적이고 세밀하게 도출하는 것이 핵심이다.
- 전문 컨설턴트와 같은 관계를 확립하고, 질문을 통해 고객의 요구

사항을 충분히 파악한다. 특히 개방형 질문으로 시작하여 광범위한 주제에서 구체적인 방안으로 좁혀 나가며, 질문하는 이유를 설명하는 것이 좋다.

5. 제안(Present) 단계

- 고객의 요구 사항을 충족시키고 경쟁사와 차별화된 솔루션(제품, 서비스, 가격 정책 등)을 고객에게 소개하고 설명하는 단계이다. 공식적인 PT, 비공식 설명, 시연(Demonstration) 등 다양한 방식이 가능하다.
- 판매자의 제품 자랑보다는 고객의 관점에서 우리가 무엇을 해줄 수 있는지를 명확하게 전달하고, 고객의 다양한 의문에 매끄럽게 대응하는 것이 중요하다.
- 결정적인 순간(Moment of Truth)임을 명심하고 모든 실력을 쏟아부어야 한다. 파워포인트, 동영상 등 자료를 완벽하게 준비하고, 긍정적이고 열정적인 자세를 갖춰야 한다. 제품의 실시간 데모는 효과적이지만 통신 환경 등으로 인한 위험이 있으므로 꼭 필요한 경우에 핵심만 보여주며, 고객의 문제 해결에 초점을 맞춘다.
- R-FAB 원칙(Requirement-Feature-Advantage-Benefit)을 준수하여 프레젠테이션을 준비하고 설명한다. 고객의 요구 사항(R)에 대해 제품의 기능(F)이 어떤 일을 해주고(A), 그것이 고객에게 어떤 혜택(B)을 주는지 연결하여 설명하는 것이다. '그래서 무엇이 좋은데? So What Test' 질문을 통해 고객의 언어로 혜택을 도출할 수 있다.
- 반론 대응(Objection Handling)이 매우 중요하며, 인내심을 갖고

고객의 반론을 경청한 후, 'Feel-Felt-Found' 기법(공감-과거 사례 공유-해결 과정 공유)을 활용하여 대응한다. 고객의 반론이 실제 반론, 거짓 반론, 농담 같은 반론 중 무엇인지 파악하는 것도 중요하다.

6. 계약(Close) 단계

- 고객이 구매 결정을 하도록 돕는 단계. 계약서에 도장을 찍어야 판매가 완료된 것이며, '클로징 더 딜(Closing the Deal)'이 매우 강조된다.
- 거래 완료를 위한 여러 방법이 있다: 거래 완료 가정(Assumptive Close), 대안 추천(Recommendation Close), 남은 이슈 압축(Sole Objection Close), 위원회 제안(Committee Close).
- 고객의 최종 결정을 위해 능동적인 자세와 수동적인 자세의 균형을 유지해야 한다. 너무 몰아붙이거나 반대로 너무 수동적이면 고객에게 의심이나 염려를 줄 수 있다.

7. 계약 실행(Follow-Up) 단계

- 진정한 세일즈는 계약 체결 후에 시작된다.
- 계약한 제품과 서비스가 제때 납품되고 제대로 작동하는지, 고객이 대금을 제대로 입금했는지, 보증기간 내에 잘 작동하는지 등을 확인하여 고객의 기대를 충족시키고 단골 고객으로 발전시키기 위한 모든 활동이 포함된다.

Keywords

세일즈 프로세스(Sales Process) ——— 세일즈 활동들을 표준화하여 체계적으로 진행하고 관리함으로써 성과를 상향 평준화하는 일련의 과정이다.

준비(Prepare) ——— 고객과의 첫 미팅을 준비하고, 고객의 특징과 과거 구매 경력을 파악하며 구매 의사 결정자와의 미팅에 대비하는 단계이다.

접촉(Contact) ——— 판매자를 소개하고 미팅 이유를 설명하며, 고객의 관심과 주목을 얻고 공감대와 신뢰를 형성하는 첫 연락 단계이다.

검증(Qualify) ——— 이번 판매 건이 세일즈로 전개될 가능성이 있는지, 고객의 구매 의도와 능력이 있는지를 판단하는 단계이다.

조사(Investigate) ——— 전문 컨설턴트 관계를 확립하고 질문을 통해 고객의 요구 사항을 구체적이고 세밀하게 파악하는 단계이다.

제안(Present) ——— 고객의 요구 사항을 기반으로 솔루션을 준비하여 제품과 서비스를 고객에게 소개하고 설명하는 단계이다.

계약(Close) ——— 고객이 구매 결정을 하도록 돕고, 최종적으로 계약서에 서명하여 거래를 완료하는 단계이다.

계약 실행(Follow-Up) ——— 계약된 제품과 서비스가 제대로 이행되고, 고객 만족으로 장기적인 관계를 구축하며 미래 세일즈를 준비하는 단계이다.

결정적인 순간(Moment of Truth) ——— 특히 세일즈 프레젠테이션처럼 그동안의 노력이 결실을 맺거나 좌우되는 중요한 시점이다.

R-FAB 원칙(R-FAB Principle) ——— 세일즈 프레젠테이션 준비 시 고객의 요구 사항(Requirement), 제품의 기능(Feature), 제품 기능이 해주는 일(Advantage), 그리고 고객에게 주는 혜택(Benefit)을 체계적으로 설명하는 원칙이다.

So What Test ——— R-FAB 원칙에서 판매자의 기능이 고객의 요구 사항을 얼마나 어떻게 만족시키는지 도출하기 위해 사용되는 질문("그래서 무엇이 좋은데?")이다.

반론 대응(Objection Handling) ——— 고객이 세일즈 프레젠테이션 중 제기하는 다양한 의문이나 반대에 효과적으로 대처하는 기술이다.

Feel-Felt-Found 기법 ——— 고객의 반론에 공감하고(Feel), 과거 유사 사례를 공유하며(Felt), 그 해결 과정을 설명하는(Found) 반론 대응 기법이다.

세일즈 프로페셔널

PART 6

좋은 세일즈맨이란?

좋은 세일즈맨은 끊임없이 노력한다

이제까지 살펴보았듯이 세일즈는, 아무런 훈련 없이 대충 할 수 있는 일이 아니다. 오히려 세일즈란 매우 전문적인 직업 영역이다. 세일즈란 프로다운 세일즈 기법은 물론이고 제품, 서비스, 사람 등등에 대한 전문 지식을 기반으로 고객의 문제를 해결해 주는 놀라운 경험을 하게 되는 직업 영역이다.

좋은 세일즈맨이 되기 위해서는 다른 모든 직업 영역이 그렇듯이, 끊임없이 발전하기 위해서 노력해야 한다. 특히 사려 깊고 실행력이 좋으며 실적 성과를 창출하기 위해 노력해야 한다. 목전의 작은 이익보다 고객과의 장기적 관계와 신뢰를 가장 중요하게 생각하고 실천할 수 있어야 한다.

그러한 노력은 크게 두 가지 방향으로 집약된다. 첫째, 전문성 측면이다. 앞의 PART에서 살펴본 전문적인 세일즈 지식들을 잘 숙지하여 판매 상황을 분석하고, 세일즈 전략을 수립하며 실행하는 것이다.

둘째, 자세 측면이다. 세일즈에 대한 올바른 가치관을 지켜 고객 신뢰를 얻고 세일즈맨으로서의 자존감을 키우는 것이다.

좋은 세일즈맨이 되기 위한 노력

- 세일즈 전문성 측면
- 올바른 세일즈 자세 측면

좋은 세일즈맨의 전문성

좋은 세일즈맨으로 성공하기 위해서는, 앞에서 살펴 보았던 전문 지식을 총동원하여, 현재 진행 중인 판매 상황을 정확하고 구체적으로 분석하고 전략과 전술을 수립하여 성공 가능성을 높여야 한다. 이러한 판매 상황 분석을 정기적으로 하되, 상황이 변경되면 재분석하여 항상 업데이트되어 있어야 한다.

단일 판매 목표(Single Sales Objective)

단일 판매 목표는 모든 판매 전략의 기본 단위가 되기 때문에 이를 명확하게 하는 것이 매우 중요하다. 단일 판매 목표란, 판매 목표를 막연히 '어떤 통신사업자에게 휴대폰을 많이 판매하여 1위가 된다'는 식으로 정하는 것이 아니고 구체적이고 확실하게 정해야 한다는 것이다.

즉 모든 전략은 이 단일 판매 목표를 달성하는 데 집중해야 하기 때문에 판매하고자 하는 제품이나 서비스를 구체화하면서, 측정 가능하고 현실적이며 데드라인이 있어야 한다. 예를 들면, '스마트폰 A 모델을 B 통신사에 3개월 내에 대당 500달러에 10,000대를 계약 체결한다'와 같이 정리되어야 한다.

경쟁 상황 파악

경쟁이라 함은, 단지 고객이 우리가 아닌 경쟁사로부터 구매하는 것뿐 아니라 우리가 제품을 판매할 상황을 저지하는 모든 상황을 말한다. 따라서 당초에 우리 제품을 구매하기로 했던 예산을 다른 용도로 집행하는 경우가 있다.

예를 들어 장비 구매 예산으로 공장 건물을 증축한다거나 사무실을 확장하는 경우이다. 심지어는 구매할지 말지 아무런 결정도 하지 않고 시간을 끄는 것도 포함된다.

또한 경쟁사와 비교하여 우리의 위치는 어떠한지와 우위를 점하고 있는지, 여러 업체 중의 하나인지 아니면 들러리인지를 알고 있어야 한다.

세일즈맨은 이런 상황을 정확하게 파악하여 세일즈 프로세스를 계속 진행할지, 아니면 해당 세일즈 건을 중단하거나 연기할지 등을 결정해야 한다.

예상 계약 시기 추정

세일즈맨은 세일즈 프로세스를 진행하면서 고객의 구매 의사가 얼마나 간절해서 최종 계약이 언제쯤 가능한지를 추정해야 한다. 그래야 회사 전체의 매출 실적도 고르게 유지할 수 있고, 고객에게 납품하기 위한 제품 준비도 제대로 할 수 있다.

특정한 시기에 세일즈가 쏠려 버리거나, 예상하지 못했던 계약이 갑자기 체결되거나 반대로 갑자기 연기되거나 하면 회사나 고객에게 모두 힘든 상황이 된다.

따라서 세일즈 프로세스를 진행하면서, 고객이 구매를 얼마나 절실히 원하는지? 시급하게 구매하고자 하는지? 즉시? 3개월, 6개월, 1년 뒤인지? 아니면 구매를 위한 예산을 수립하기 위해 정보를 수집하는 단계인지 등을 고객과의 미팅과 대화를 통해서 예상해야 한다.

이러한 노력은 세일즈 프로세스상, '접촉-검증-조사'

단계에서 해야 하지만, 긴급한 내외부 요건에 의해서 변경하기도 하므로 유연하게 대응하는 것도 필요하다.

구매 센터 내의 주요 관련자를 파악하고 대응 방안 수립

고객사 내의 주요 관련자 또는 관련 조직을 잘 파악하고 그에 대해 대응을 하는 것은 세일즈맨이 해야 하는 가장 중요한 업무 중의 하나이다.

주요 관련자가 누구인지, 구매 센터 내에서 그들의 역할은 무엇이고 그들이 구매 결정에 미치는 영향력은 어느 정도인지, 각 관련자가 인식하는 구매의 시급성은 얼마나 되는지, 각 관련자의 개인적 성취Personal Win와 사업적 성과Business Results는 무엇인지, 그리고 우리는 각 관련자에게 어떻게 잘 대응하고 있으며 무엇을 더 잘해야 하는지 등의 대응 방안을 수립해야 한다.

현재 우리의 포지션과 대응 계획

세일즈를 진행할 때 또 하나의 중요한 것은 현재 우리의 위치를 정확하게 파악하고 대응 계획을 수립하며 실행하는 것이다. 우리에게 유리한 점은 무엇이고 반대로 불리한 점은 무엇인지, 유리한 점을 어떻게 부각시키고 불리한 점은 어떻게 보완할 것인지, 이러한 분석 결과를 언제 어떻게 고객에게 적절하게 소통하고 대응해야 하는지 등이 이에 포함된다.

유연한 사고와 장기적인 관점으로

앞에서 "세일즈는 상호 간의 이익을 위해 가치를 정직하게 교환하는 것"이라고 하였다.

그러나 엄청난 노력에도 불구하고 공정한 시장 가격Fair Market Price을 합의하지 못하는 경우, 즉 세일즈맨은 100원이라 하고 고객은 예산 부족 등의 이유로 90원으로 하자고 하면서 합의하지 못하는 상황이 자주 발생하게 된다.

이러한 경우 훌륭한 세일즈맨은 유연한 사고와 장기적인 관점으로 이를 극복할 수 있어야 한다. 장기계약LTA, Long Term Agreement으로 유도하여 3년 또는 5년으로 계약하여 장기적인 파트너십을 추구하는 것도 한 가지 방법이다.

즉 장기적인 가격, 납기, 상세 조건 등을 미리 합의하여 고객은 제품이나 서비스를 안정적으로 공급받고, 우리는 장기적인 제품 공급 외에 협상 비용을 절감할 수 있게 된다.

환율 변동에 대비하여 일정 범위를 벗어나면 양방이 50 대 50으로 책임을 지는 등의 합의도 빠트리면 안 된다. 예를 들면 환율이 5% 이상 변동하면 각각 2.5%씩 자동으로 책임지는 것이다. 이런 전략은 휴대폰뿐만 아니라 시장 가격이 급격하게 변동하는 반도체 등의 부품 사업의 경우에 매우 유용하다.

제품의 한계를 두지 않기

통신사업자는 휴대폰을 구매하지만 통신시스템도 구매한다. 삼성전자가 휴대폰을 성공적으로 판매한 후에 통신시스템을 판매한 경우가 수없이 많다. 통신사업자가 시스템 공급업체를 선정하는 것은 차원이 다른 어려운 결정이다.

베스트바이 등의 유통업체들도 휴대폰뿐만 아니라 TV 등의 가전제품도 구매한다.

훌륭한 세일즈맨은 휴대폰을 판매하면서도 고객이 제품뿐만 아니라 회사를 지켜보고 있다는 것을 제대로 인식하고 있어야 한다. 즉 고객의 눈에는 당신이 당신의 회사인 것이다.

전략과 전술로 무장하기

전략이란 전투를 하기 전에 군대를 배치하는 기술이고, 전술이란 기 배치된 군대들이 실제로 전투를 하는 것이다. 따라서 전략이 전술보다 앞서야 한다.

같은 원칙이 판매에서도 적용된다. 판매 전략의 목적은 세일즈맨이 적절한 때Right Time에 적절한 사람Right Person과 적절한 장소Right Place에서 만나게 하는 것이다. 그 상황에서 적절한 프레젠테이션을 하는 것이 바로 전술적 프레젠테이션이 된다. 앞의 PART에서 살펴본 전문 지식들을 종합하여 세일즈 전략과 프레젠테이션 전술을 수립하고 실행할 때 좋은 세일즈맨이라 할 수 있다.

좋은 세일즈맨의 자세

좋은 세일즈맨은, 목전의 이익보다 고객과의 신뢰를 가장 중요하게 생각하고 실천할 수 있어야 한다. 그래야 세일즈맨에 대한 인식도 달라질 수 있고, 스스로 세일즈 성과에 자부심을 갖게 되며, "저는 ○○○ 세일즈 전문가입니다"라고 당당하게 말하면서 세일즈맨으로서 자존감도 키울 수 있다.

그러나 현실에서 우리가 만나는 세일즈 인력은 그렇게 하지 못하는 경우가 많다. 이런 세일즈맨들은 노력하여 다양한 스킬을 쌓아가지 않고 타고난 재능만 믿는 자만심이 크거나, 1회성 거래를 성사시키기 위해 책략과 술수를 쓰면서 이기적으로 자신의 실적에만 연연하기도 한다.

또한 공격적으로 고객의 구매를 강요하거나, 보너스나

세일즈 인센티브와 승진 등 인정받는 것에 연연하는 모습을 보인다. 결국 이런 자세는 고객의 신뢰를 잃게 한다.

좋은 세일즈맨이란

○ YES	✕ NO
• 호기심이 많고, 잘 듣는 사람	• 책략가
• 사려 깊음, 실행력, 성과 창출	• 타고난 대로 함
• 운동선수처럼 지속적으로 훈련함	• 나를 제외한 모두가 잘 못하길 원함
• 더 잘하길 원함	• 돈 벌기와 뽐내기에 관심
• 관계를 잘 구축함	• 개입하고 밀어붙임
• 개선하고 또 개선함	• 인정과 보상에 주로 관심

세일즈 리더의 역할

세일즈에서 경력과 성과가 쌓이면, 세일즈 리더로 후배 세일즈 인력들을 이끌게 된다. 이런 세일즈 매니저나 세일즈 리더의 역할은, 회사의 가장 핵심적인 업무 역할 중 하나이다. 아무리 좋은 제품을 만들어도 판매에 성공하지 못한다면 아무런 의미가 없기 때문이다.

세일즈 리더의 핵심 역할은 다음과 같다.

- 기업이 적정 이익을 남길 수 있는 매출을 일으키는 것
- 일자리와 보너스를 창출하는 것
- 회사가 제품을 개발하게 만드는 것
- 이 모든 일을 기반으로 조직의 사기를 드높이는 것

세일즈 리더의 일은 열정과 환희, 동기부여와 스릴이 가득하다. 그 어떤 것도 매출 목표를 달성할 때보다 멋질 수 없다. 세일즈 리더는, 후배가 충분한 스킬을 갖춘 멋진 세일즈 전문가로 성장하도록 지원하고, 후배들이 오랜 달리기 후에 최종 결승 목표를 달성하도록 돕는다.

그리고 이러한 모든 활동이 쌓여, '세일즈 전문가'라는 직업 분야를 더욱 위대하게 만든다.

세일즈맨으로서 또한 세일즈 리더로서 최종 목표를 달성하고자 한다면, 다음의 세 가지 행동 원칙을 명심하기 바란다.

- 항상 친절하고 따뜻하며 열린 마음이어야!
  - 사람은 누구나 너무 당연하게 친구 같은 사람과 같이 일하고 비즈니스를 해 나가길 원한다.
- 항상 정직해야!
  - 고객의 신뢰가 모든 세일즈의 기반이다.
- 기여하고 배려하며 헌신하라!
  - 성공적인 세일즈맨이 되는 열쇠이며 성숙한 인간이 되는 길이다.

Recap

좋은 세일즈맨이 되기 위한 두 가지 핵심 방향

첫째, 전문성 측면. 좋은 세일즈맨은 판매 상황을 정확하게 분석하고, 세일즈 전략을 수립하며 실행할 수 있어야 한다.

- **단일 판매 목표**: 구체적이고 측정 가능하며 기한이 있는 목표를 설정해야 한다.
- **경쟁 상황 파악**: 고객이 경쟁사로부터 구매하는 상황뿐만 아니라, 예산이 다른 용도로 집행되거나 구매 결정이 지연되는 모든 상황을 포함하여 파악해야 한다.
- **예상 계약 시기 추정**: 고객의 구매 의사와 시급성을 파악하여 회사 전체의 매출 실적을 고르게 유지하고 제품 준비를 원활하게 해야 한다.
- **구매 센터 내 주요 관련자 파악과 대응 방안 수립**: 고객사 내의 주요 관련자들의 역할, 영향력, 시급성, 개인적 성취/사업적 성과를 파악하고 그에 맞는 대응 방안을 수립해야 한다.
- **현재 포지션과 대응 계획**: 자신에게 유리하거나 불리한 점을 파악하고, 이를 어떻게 부각시키거나 보완할지 계획해야 한다.
- **유연한 사고와 장기적인 관점**: 고객과 단기적으로 가격을 합의하지 못하는 경우에는 장기계약으로 유도하여 협상 시간과 비용을 절약하고 장기적인 파트너십을 추구하기도 한다.

- **제품의 한계를 두지 않기**: 고객이 현재 거래 중인 제품뿐만 아니라 회사를 지켜보고 있다는 것을 알고 다른 제품의 판매 기회도 모색한다.
- **전략과 전술로 무장**: 적절한 시기와 장소에서 적절한 사람을 만나는 전략을 세우고, 효과적인 프레젠테이션 전술을 실행해야 한다.

둘째, 자세 측면. 좋은 세일즈맨은 고객 신뢰를 얻고 세일즈맨으로서의 자존감을 키우는 것을 중요하게 생각한다.

- 단기적인 이익이나 실적에만 연연하여 불확실하거나 거짓된 정보로 고객을 압박하고 불필요한 제품, 서비스로 유도하는 세일즈맨은 결국 고객의 신뢰를 잃게 된다.
- 반면, 좋은 세일즈맨은 전문적인 지식으로 고객의 니즈와 문제점을 파악하고, 고객에게 실질적인 가치를 제공하는 제품을 추천하며, 초기 설정 지원과 지속적인 관계 유지에 힘쓴다. 또한 친절하고 열린 마음으로 정직하게 제품의 장단점을 설명하여 고객과의 장기적인 신뢰 관계를 구축한다.

마지막으로, 세일즈 리더의 역할 또한 중요하다. 세일즈 리더는 기업의 매출 증대, 일자리와 보너스 창출, 제품 개발 촉진, 조직 사기 진작 등 핵심적인 역할을 수행한다. 후배 세일즈맨의 성장 지원을 위해 코칭과 멘토링, 동기 부여, 성과 관리를 한다.

항상 친절하고 따뜻하며 열린 마음으로, 정직하게, 기여하고 배려하며 헌신하는 세 가지 행동 원칙을 명심하자.

Keywords

좋은 세일즈맨 ——— 세일즈 전문성과 고객 신뢰를 위한 노력을 끊임없이 하는 사람이다. 목전의 작은 이익보다 고객과의 장기적 관계와 신뢰를 가장 중요하게 생각하고 실천할 수 있어야 한다.

세일즈 전문성(Professionalism) ——— 판매 상황을 분석하고 세일즈 전략을 수립하며 실행하는 능력이다.

단일 판매 목표(Single Sales Objective) ——— 모든 전략이 집중해야 할 구체적이고 측정 가능하며 현실적이고 데드라인이 있는 판매 목표이다.

경쟁 상황 파악 ——— 고객이 경쟁사로부터 구매하는 상황뿐만 아니라, 예산이 다른 용도로 집행되거나 구매 결정이 지연되는 등 제품 판매를 저지하는 모든 상황을 파악하는 것이다.

예상 계약 시기 추정 ——— 고객의 구매 의사와 시급성을 파악하여 회사 매출과 제품 준비를 원활하게 하는 것이다.

구매 센터 내 주요 관련자 파악과 대응 방안 수립 ——— 고객사 내 주요 관련자들의 역할, 영향력, 시급성, 개인적 성취/사업적 성과를 파악하고 그에 맞는 대응 방안을 수립하는 것이다.

현재 포지션과 대응 계획 ——— 자신에게 유리하거나 불리한 점을 정확하게 파악하고, 이를 부각시키거나 보완할 계획을 세우는 것이다.

전략과 전술 ——— 적절한 때와 장소에서 적절한 사람을 만나는 판매 전략과, 그 상황에서 적절한 프레젠테이션을 하는 전술적 프레젠테이션이다.

좋은 세일즈맨의 자세(Attitude) ——— 세일즈에 대한 올바른 가치관을 지켜 고객 신뢰를 얻고 세일즈맨으로서의 자존감을 키우는 것을 중요하게 여긴다.

고객 신뢰(Customer Trust) ——— 좋은 세일즈맨이 목전의 이익보다 가장 중요하게 생각하고 실천해야 할 가치이다. 불확실하거나 거짓된 정보로 고객을 압박하는 등 이기적인 실적에만 연연하는 행위는 고객 신뢰를 상실하게 만든다.

세일즈맨으로서의 자존감(Self-Esteem as a Salesman) ——— 고객 신뢰를 얻고 자신의 성과에 자부심을 가짐으로써 키울 수 있다.

세일즈 리더(Sales Leader) ——— 회사의 핵심적인 업무 역할을 수행하며, 기업의 매출 증대, 일자리와 보너스 창출, 제품 개발 촉진, 조직 사기 진작에 기여한다.

코칭과 멘토링(Coaching & Mentoring) ——— 후배 세일즈맨의 성장을 돕기 위해 강점과 약점을 파악하고 맞춤형 지도를 제공하는 역할이다.

동기 부여와 인정(Motivation & Recognition) ——— 금전적/비금전적 방식으로 팀원의 사기를 높이고 성과와 노력을 인정하는 것이다.

성과 관리와 목표 설정(Performance Management & Goal Setting) ——— 현실적이면서도 도전적인 목표를 팀원들과 함께 설정하고 달성 과정을 체계적으로 관리하는 것이다.

세일즈 프로페셔널

마치며

기업이 제대로 운영되려면 조직의 모든 구성원이 각자 맡은 업무를 제대로 수행해야 하지만, 그중에서도 가장 핵심적인 것은 '제품과 영업'이 아닐까 싶다.

제품이라 하면 상품 기획부터 개발, 생산, 품질 및 사후 관리 등 기술이나 서비스를 기반으로 하는 것이고, 영업은 그 제품을 정당한 대가를 받고 필요로 하는 곳에 전달하는 것이다. 우리가 영업이라 통칭하는 업무는 마케팅과 판매로 구분되는데, 이 책은 판매, 그중에서도 'B2B 세일즈'에 초점을 맞추었다.

이 책을 쓰면서 현업에서 일하면서 답답할 때마다 찾아 읽어 보았던 수십 권의 책을 다시 보았으나, 그중에서도 기본을 강조한 몇 권만을 집중 참조하였음을 밝혀둔다.

이 책이 결실을 맺을 수 있도록 도와준 여러분들에게 감사드린다.

먼저 삼성 휴대폰 신화의 주인공인 이기태 전 삼성전자 부회장께 감사드린다. 경쟁자가 여럿이 있었음에도 불구하고 여러모로 부족한 나를 끝까지 믿고 휴대폰 초창기부터 10여 년간 수출을 맡겨 주고 "장사가 무엇인지 좀 아는 사람"으로 칭찬해 준 덕분에 개인적으로 많이 배우고 성장하는 계기가 되었음은 물론이고 이 책을 쓰게 된 계기도 된 것이다.

이 부회장은 삼성전자 정보통신사업을 총괄하면서 '세계 최초, 세계 최고World First, World Best' 제품을 만든다는 신념으로 혁신적인 제품을 끊임없이 개발 출시하였다.

이 책은 세일즈에 관해 이야기하고 있지만 판매하는 제품이 경쟁력이 없으면 세일즈는 의미가 반감된다. 그런 면에서 이 부회장은 나의 세일즈 인생에 또 다른 의미가 있다.

또한 전 삼성미래전략실 최지성 실장께 감사드린다. 본인도 경영인으로 승진하기 전까지는 반도체 등을 판매한 세일즈 출신인 최 실장이 영업, 판매를 하는 많은 인물을 알고 있음에도 불구하고 과분하게도 나에게 "이 책을 쓰면 후배들에게 많은 도움이 될 것"이라고 지시 같은 권유를 하였으며, 꼼꼼히 감수도 하고, 추천의 글도 써주셨다.

이 책의 기본 내용은 2018년 동료 후배들과 휴대폰의 세계 진출 사례를 남겨두자고 시작한 것이다. 우리가 열심히 하여 남겨 두어도 아무도 읽지 않을 것이라는 안타까운 생각에서 프로젝트명을 '카산드라'라고 자조적으로 정했었다. 트로이 목마를 성안으로 들여놓아서는 안 된다는 카산드라의 절규를 트로이 사람들이 아무도 귀 기울이지 않았고 결국 멸망한 것을 반면교사로 삼았다.

이 책의 많은 부분은 조은정 박사에 의해서 이루어진 것이다. 조 박사는 나와 같이 삼성전자에 근무하였던 인연으로 카산드라 프로젝트와 이 책의 자료 정리, 기록을 남기는 모든 일을 해내었다.

나는 조 박사를 이 책의 월터 아이작슨Walter Isaacson이라고 생각한다. 아이작슨은 《타임지》 편집장과 CNN의 CEO 등을 역임하였지만 전기작가로 더 많이 알려졌다. 스티브 잡스의 전기를 읽은 사람은 알 수 있듯이 아이작슨은 스티브 잡스를 그 자신보다 더 잘 아는 사람으로 보인다. 이 책도 나의 경험을 바탕으로 문장과 스토리를 만들어 낸 것은 조 박사이다. 다시 한번 조 박사에게 크게 감사한다.

참고 서적

『전략적 판매The New Strategic Selling』, 로버트 B. 밀러

『신화창조의 비밀』, 김용준

『맥스웰 몰츠 성공의 법칙Psycho-Cybernetics』, 맥스웰 몰츠

『Personal styles & Effective Performance』, David W. Merrill, Roger H Reid

『Spin Selling』, Neil Rackham

『Perfect Selling』, Linda Richardson

「Selling at HP」, HP 세일즈맨 교육 자료

세일즈 프로페셔널

© 최창수, 2026

1판 1쇄 인쇄_2026년 1월 15일
1판 1쇄 발행_2026년 1월 20일

지은이_최창수
펴낸이_홍정표
펴낸곳_글로벌콘텐츠
등록_제25100-2008-000024호

공급처_(주)글로벌콘텐츠출판그룹
대표_홍정표 이사_김미미 편집_백찬미 남혜인 홍명지 권군오 기획·마케팅_홍민지
주소_서울특별시 강동구 풍성로 87-6
전화_02) 488-3280 팩스_02) 488-3281
홈페이지_http://www.gcbook.co.kr
이메일_edit@gcbook.co.kr

값 18,000원
ISBN 979-11-5852-618-4 03320

※ 이 책은 본사와 저자의 허락 없이는 내용의 일부 또는 전체의 무단 전재나 복제, 광전자 매체 수록 등을 금합니다.
※ 잘못된 책은 구입처에서 바꾸어 드립니다.